dumont taschenbücher

Gabriele Grünebaum studierte Kunst mit Schwerpunkt Papier und Papierverarbeitung. Bei DuMont erschien von ihr das Taschenbuch »Buntpapier« (vergriffen)

PAPIERMACHÉ

Geschichte · Objekte · Rezepte

Gabriele Grünebaum

Freizeit und Kreativität

Umschlagabbildung:
Vorderseite: Katharina Eckart, ›Hund mit Rose‹
Rückseite: Katharina Eckart, ›Flugtier‹. Photos: Achim Bednorz

Erstveröffentlichung
© 1993 DuMont Buchverlag, Köln
2. Auflage 1995
Druck und buchbinderische Verarbeitung: BOSS-Druck, Kleve

Printed in Germany   ISBN 3-7701-2911-3

INHALT

Historischer Teil

PRAKTISCHER TEIL

Danksagung

Ich danke allen, die mir mit Tips, Rat und Tat bei der Beschaffung von Informationen über Papiermaché geholfen haben. Insbesondere danke ich Hans Mettmann für seine Spürnase, sein waches Auge und sein unermüdliches Interesse an der kuriosen Papiermaché-Welt.

HISTORISCHER TEIL

Einleitung

Der Schein soll nie die Wirklichkeit erreichen,
und siegt Natur, so muß die Kunst entweichen.
Schiller

Nicht immer gehörte Papier zum alltäglichen Leben, und noch gar nicht so lange geht man so verschwenderisch mit ihm um wie wir heute. Nach seiner Erfindung vor etwa 1700 Jahren galt Papier lange Zeit als etwas Besonderes. Das Handwerk, Papier Bogen für Bogen von Hand zu schöpfen, war ein aufwendiger und langsamer Prozeß. Rohmaterialien waren zeitweise schwer zu beschaffen, und so ist es verständlich, daß das so hergestellte Produkt teuer war, kostbar und begehrt, zu schade für nur einmaliges Benutzen. Der aus Lumpen bereitete ›Kunststoff‹, der schon mehrere Leben hinter sich hatte, war auch nach seiner Erstverwendung als Papier noch gut für weitere Benutzung.

Papier beschäftigt schon seit langem die Phantasie und Einbildungskraft der Menschen. Nachdem es jahrhundertelang als Träger neuer Gedanken und als Medium zur Verbreitung aktueller Nachrichten ganze Völker in Atem gehalten hatte, wurden aus Papier, als es in die Hände kreativer Menschen geriet, die erstaunlichsten dreidimensionalen Objekte kreiert. Das 17. und 18. Jahrhundert standen im Zeichen unablässigen experimentellen Bemühens der Wissenschaft und der Alchimie, und ihre Erkenntnisse hatten großen Einfluß auf das Handwerk und die Kunst. Dieses Zeitalter ist auch für die Geschichte des Papiers von großer Bedeutung.

Am 8. August 1709 lernte das Papier fliegen. Der brasilianische Pater Bartholomeo Lourenço de Gusmão führte am Hofe König Johanns V. von Portugal eine Art Heißluftballon

9

aus Papier vor, und Gusmão schwebte mit ihm als erster Mensch hoch über seine Zeitgenossen hinweg. Zum Staunen der Welt flog er eine Weile kirchturmhoch und höher über der Stadt Lissabon. Auch andere Pioniere, die sich etwa 70 Jahre später einen Namen in der Luftfahrt machten, realisierten ihre Flugträume mit Hilfe von Papier. Kaum bekannt ist, daß die Brüder Joseph und Etienne Montgolfier, Söhne eines Papierfabrikanten, ihre Erfolge mit fliegenden Heißluftballons den jahrelangen Versuchen mit dem Papierstoff in der väterlichen Fabrik zu verdanken hatten.

Diesen berühmten ›papiernen‹ Höhenflügen gingen im Jahre 1715 die weniger spektakulären modischen Ambitionen der jungen Herzogin von Berry voraus. Die Tochter des Regenten, eine der ersten Damen Frankreichs, erregte durch »eine neue Kleidertracht« Aufsehen, denn »der gantze Habit nebst Kopf-Zeuge war von Papier. Der gantze Putz kostete nicht mehr als 25 Livres, er konnte aber nicht länger als einen Tag gebraucht werden.«[1] Die Kurzlebigkeit von Papierkleidung mag erklären, weshalb sich diese wenn auch billige

Schloß Ludwigslust, Ende des 18. Jh. Sämtliche Dekorationen und Möbel waren aus Papiermaché hergestellt.

Tracht nicht durchsetzte und weshalb sich derartige Kuriositäten in keiner historischen Kostümsammlung finden.

Mit Hilfe von Papier konnten sich die Menschen zu Beginn des 18. Jahrhunderts also nicht nur verständigen, es ermöglichte Ihnen auch, sich über andere hinwegzuheben und sich damit zu schmücken. Doch damit nicht genug. Es gab zunehmend auch engagierte Versuche, Möbel, Gebrauchsgegenstände und sogar die Umwelt aus Papier zu formen und nachzubilden – mit mehr oder weniger großem Erfolg, wie die mannigfaltigen kuriosen historischen Papiermaché-Objekte belegen.

Papiermaché: Definition und Herkunft

Die Begriffe Papp- bzw. Papiermaché (*französisch Papierteig oder gekautes Papier; italienisch carta pesta oder carta pistata*) werden in der Literatur synonym gebraucht. Wo und wann Papiermaché erfunden wurde, wie es ursprünglich hergestellt wurde und zu welchem Zweck, ist nicht genau zu rekonstruieren. Forscht man nach der Herkunft des Begriffes, ergeben sich unterschiedliche und widersprüchliche Antworten, und auch das *Oxford English Dictionary* spekuliert: »Obgleich der Begriff [Papiermâché] aus dem Französischen kommt, scheint es nicht französischen Ursprungs zu sein.« Wörtlich übersetzt bedeutet *Papiermâché ›gekautes Papier‹*. Und tatsächlich erhält man durch Kauen von Papier eine Masse, die sich kneten und formen läßt, und die als Papiermaché bekannt ist.

In seiner 1828 erschienenen Biographie läßt John Thomas Smith zwei Hauptfiguren den Begriff Papiermaché allzu wörtlich verstehen. In einem Zwiegespräch unterhalten sich Mr. Twigg und Mrs. Joseph Nollekens über die Herstellung von Papiermaché. Mr. Twigg berichtet, daß es in London, in der James Street Nr. 27, ein Geschäft gegeben habe, in dem zwei alte französische Damen für einen Papiermaché-Produzenten Papier kauten. »Lächerlich«, antwortet Mrs.

Nollekens, »der alte Mr. Wilton [...] war derjenige, der Franzosen in seiner Papiermaché-Manufaktur anstellte, die er in der Edward Street am Cavendish Square betrieb.« In jener Zeit arbeiteten zwar viele Franzosen in den englischen Papiermaché-Manufakturen, sie waren dort jedoch als Handwerker und Künstler eingestellt, und nicht, um den Rohstoff vorzukauen. Mr. Twigg aber blieb dabei, daß Mr. Wilton die alten Damen angestellt habe, damit sie für ihn Papier, das sie als Abfälle von Buchbindereien und Papierhändlern kauften, in geheimer Rezeptur kauten. Dieses sollte als Rohmasse für die Herstellung von Papiermaché-Waren in seiner Manufaktur verwendet werden.

Inwieweit Mr. Twigg mit seinen Vermutungen Recht hatte, ist heute nicht mehr nachzuprüfen, zumindest in einem Fall scheint diese wörtliche Übersetzung und mündliche Überlieferung von *gekautem Papier* bis heute zuzutreffen. Sind nicht die Spuck- und Wurfgeschosse von Schulkindern wie sie heute noch durch die Klassenzimmer fliegen durch das Kauen von Papierschnipseln entstanden?

Die vielseitige Verwendbarkeit von Papiermaché

Das ›Recycling‹ von gebrauchtem Papier ist eine alte Kunst. Bereits 1696 werden in dem Buch von Johann Ziegler *Kunst- und Werkschule, von einem sonderbaren Liebhaber natürlicher Künste und Wissenschaften* zahlreiche Möglichkeiten beschrieben, aus gebrauchtem Papier und Papierabfällen Papiermaché herzustellen. Charles Lebrun, der die Schlösser Ludwigs XIV. ausgestattet hatte, lobt das vielseitige Material: »Die Vorteile der Papparbeiten sind ganz offensichtlich: Auf billige Weise werden nützliche und schöne Gegenstände hergestellt. Jung und alt finden darin eine schöne Beschäftigung und können sich mit wenig Aufwand handwerklich und künstlerisch betätigen.«[2]

Christian Heinrich Schmidt geht in seinem ausführlichen Buch, welches Mitte des 19. Jahrhunderts erschien, auf die

Schnupftabakdose, Frankreich, um 1760. Museum für Lackkunst der BASF Lacke + Farben AG, Münster

vielseitigen Verwendungsmöglichkeiten und Vorzüge von Papiermaché ein: »Dabei giebt es wohl selten ein Material, welches so vielfältiger Benutzung fähig ist, als das Papiermaché und in mannichfacher Hinsicht das Holz, den Stein, den Gyps, das Horn, das Elfenbein, das Wachs, das Glas, das Porzellan, das Blech, die Bronze zu ersetzen vermag. Wenn man nämlich aus Papiermaché ziemlich ausschließlich Larven, Puppenköpfe, Thierstücke, Schnupftabaksdosen, Masken und Steinpappe verfertigt, so ersetzt diese noch außerdem: a) das Holz für Spielkästchen, Schatullen, Nähkästchen, Uhrkästen, Nadelbüchsen und Etuis, Bilderrahmen, Kinderspielzeug, Thiere, Knöpfe, Konsolen und sonstige Fußgestelle; b) den Stein für Statuen, Ornamente, Vasen, Konsolen und sonstige Fußgestelle, Tabaksdosen; c) den Gyps für Büsten, Thiere, Vasen, Tafelaufsätze; d) das Horn, den Knochen und das Elfenbein für Knöpfe, Etuis, Nadelbüchsen; e) das Wachs für alle Sorten von Obst und Früchten; f) das Glas für Leuchter, Salzfässer, Vasen; g) das Porzellan für Tassen, Tabaksdosen, Tafelaufsätze, Schreibzeuge, Leuchter, Salzfässer, Vasen; h) das Blech für Lichtschiffchen, Spielkästchen, Markenteller, Untersätze für Gläser und Flaschen, Strickkörbchen, Obstkörbchen, Leuchter, Kinderspielzeug; i) die Bronze für Büsten, Ornamente, Lüster, Wand- und Tafelleuchter, Bas- und Hautreliefs.

Außerdem leistet das Papiermaché als Steinpappe die nützlichsten Dienste zu leichten und feuerfesten Bedachung der Gebäude und zur trefflichen Ergänzung beschädigter Theile unendlich vieler Gegenstände. Bedenkt man nun auch, daß die meisten der aus Papiermaché dargestellten Erzeugnisse kolorirt, vergoldet, lackirt, oder mit Kupferstichen und Lithographien dekorirt werden können, was nicht allein zu ihrer Konservierung sehr viel beiträgt, indem sie sich dann der Reinigung halber mit Wasser abwaschen lassen, sondern sie auch dem Auge wohlgefälliger macht; so kann man leicht hieraus abmessen, welches weite Feld nützlicher und gewinnbringender Thätigkeit dieser interessante Gewerbezweig besonders Solchen eröffnet, welche nicht die Geldmittel besitzen, um irgend einem anderen Industriezweige ihre Arbeit widmen zu können, der größeres Kapital verlangt, wenn er mit Vortheil betrieben werden soll.«[3]

Herstellung und Zusammensetzung

So unterschiedlich die zahlreichen Papiermaché-Waren sind, so verschieden ist auch die Zusammensetzung und Herstellung des Rohstoffes. Um ihn fester und haltbarer zu machen, wurden dem Papierbrei Füll- und Klebstoffe wie Leimlösung, Gummi, Stärke, Dextrin, Gips, harzige Substanzen, Kreide, Schwerspat oder Ton beigemischt. Die Rezepturen und Mischungsverhältnisse waren abhängig von der weiteren Verarbeitung des Papierbreis. Ob es frei mit der Hand geformt, plastisch oder halbplastisch modelliert, in Modeln gepreßt oder wie Porzellan gegossen werden sollte, und je nachdem, wozu das Papiermaché dienen sollte und welche Ansprüche an die Haltbarkeit, Festigkeit und weitere Verarbeitung gestellt wurden, gab es unterschiedliche Zusammensetzungen. Papiermaché-Spezialisten und größere Betriebe hüteten die selbst entwickelten Rezepte ihrer Mixturen wie ein Staatsgeheimnis.

Als Papiermaché-Technik wird auch ein Verfahren bezeichnet, welches *nicht* mit Papierbrei arbeitet. Hier werden Objekte und Skulpturen aus kreuz und quer übereinandergeklebten Papierschnipseln und -streifen aufgebaut, die nach dem Trocknen eine dünne, stabile Papierhaut bilden. Diese Technik wird manchmal auch als *Papierkaschè* bezeichnet. Eine kaschierte Papiermaché-Skulptur hat gegenüber den Objekten aus Papierbrei den Vorteil, daß sie bruchsicher ist und das Material auch bei stärkerer Belastung nicht so schnell abbröselt. Allerdings werden die kaschierten Papiermaché-Objekte nicht so hart und fest wie gepreßter Papierstoff. Im Kapitel über die Herstellung von Papierkaschè-Objekten (S. 212) werden die Vor- und Nachteile dieser Technik erläutert.

Papier als Ersatzstoff

Papiermaché ist lange Zeit besonders so beliebt gewesen, weil es problemlos als preiswerter Ersatz für wertvolle Materialien wie Marmor, Stein, Holz, Ton, Porzellan u.ä.m. eingesetzt werden konnte. Papiermaché war das ›Plastik‹ des 19. Jahrhunderts.

Oft wissen wir gar nicht, wo überall Papiermaché benutzt worden ist, denn die Oberfläche eines Objektes ist meist derart kunstvoll verfeinert, bemalt und dekoriert, daß nichts mehr an den ursprünglichen Papierbrei erinnert. Die Täuschung ist oft so perfekt, daß kaum jemand auf die Idee kommt, die vorgespiegelte Welt könnte aus Pappe sein. Damit sich der Nichteingeweihte nicht an eine hohle ›Marmorsäule‹ lehnt und mit ihr ins Rutschen gerät, damit die leichten Beistelltischchen aus Papiermaché nicht, von jedem vorbeirauschenden Rock gestreift, ins Kippen geraten, damit also die Täuschung noch perfekter wird, kann auch das Gewicht der Papiermaché-Waren verändert wer-

Achteckige Dose
für Süßigkeiten
aus Kaschmir,
19. Jh. Museum
für Lackkunst der
BASF Lacke + Far-
ben AG, Münster

den. Indem Holz oder andere Ballaststoffe eingearbeitet werden, erreichen die Imitate das ungefähre Gewicht der Originale, fühlt sich der Dekorationsapfel schon fast wie ein ech-
ter Apfel an und schwankt die Skulptur nicht mehr im Winde
hin und her.

Christian Heinrich Schmidt erwähnt bei Papiermaché-Imitaten neben dem optischen Erscheinungsbild auch noch
deren haptische Qualitäten: »Die Kunst, der Natur in Bearbeitung des Obstes und der Früchte täuschend nahe zu kommen, ist in Stein und Wachs sehr weit gediehen; allein da beiden Arten die natürliche specifische Schwere abgeht, so ist
diese Täuschung nur für das Auge begränzt, bei der minde-
sten Antastung, die dem Wachse durch öfteres Wiederholen
nachtheilig wird, verschwindet sie in dem nämlichen
Augenblicke des Berührens.« Schmidts Lösungsvorschlag:
»Die nach der Natur nachzuahmenden Früchte müssen von
den wirklichen sowohl im Kolorit, als auch in der Schwere
genau kopiert werden.«[4]

Meist war es allerdings von Vorteil, wenn die Imitate
wesentlich leichter als die Originale waren. So konnten Gips-
imitationen leichter transportiert und – wenn sie Stuckersatz
sein sollten – einfacher an Wand und Decken befestigt werden. Die Leichtigkeit von Papiermaché war auch oft ein
nicht unbedeutender wirtschaftlicher Faktor, denn Spielwa-

Handspiegel aus Persien, 1. Hälfte des 19. Jh. Museum für Lackkunst der BASF Lacke + Farben AG, Münster

ren und Puppen, die exportiert wurden, unterlagen oft hohen Gewichtszöllen. Aber auch die günstigeren Herstellungskosten der Papiermaché-Waren im Unterschied zu Holz-, Gips- oder Steinarbeiten waren ein wesentlicher Pluspunkt. Es wurden weder große Maschinen noch Lager oder teure Werkzeuge für die Verarbeitung von Papier benötigt. In vielen Fällen, in denen Papiermaché andere Materialien ersetzte, hatte es neben den wirtschaftlichen Vorteilen auch noch weitere Vorzüge: Als Holzersatz wurde es von den Holzwürmern verschmäht, als Metallersatz rostete es nicht, und es zerbrach nicht so schnell wie Porzellan.

Die kommerzielle Verwertung von Papiermaché brachte im Laufe der Jahrhunderte viele Gebrauchsgegenstände, aber auch zahlreiche Kuriositäten hervor. Mit dem in Japan zum ersten Mal verwendeten Papierbrei war der Grundstoff zur Herstellung billiger, leichter und haltbarer Artikel erfunden worden. Als ein gutes Maß an unternehmerischem Denken und Erfindergeist hinzukam, die

Nadelbüchse, Frankreich, Mitte des 18. Jh. Museum für Lackkunst der BASF Lacke + Farben AG, Münster

17

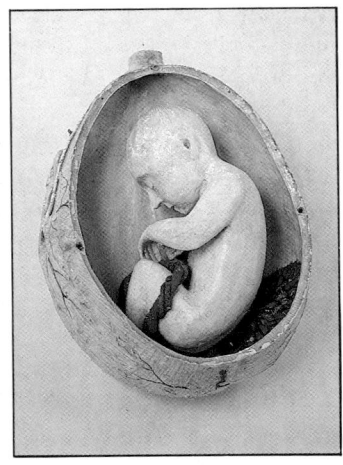

Papiermaché-Kopf aus Thüringen auf einer norwegischen Puppe, um 1840, Höhe: 95 cm. Norsk Folkemuseum, Oslo. Photo: Bildarchiv Hansmann, München. Uterus mit Fötus. Medizinhistorisches Museum Ingolstadt

Zusammensetzung der Papiermasse verbessert und die Verarbeitungstechniken effizienter wurden, machten sich Papiermaché-Waren in nahezu allen Lebensbereichen bemerkbar.

Die folgende Liste von A wie ›Anatomisches Modell‹ bis Z wie ›Zuckerdosen‹ zeigt einen Überblick über die historischen und zeitgenössischen Papiermaché-Waren. Hier wird deutlich, wie vielseitig Papiermaché verwendet wurde und bis heute wird:

Anatomische Modelle; Anstecknadeln; Architektonische Verzierungen; Armreifen; Becher; Bienenstöcke; Bilderrahmen; Bioskopgehäuse; Blasebälge; Bleistifte; Briefbeschwerer; Briefständer; Buchdeckel; Dosen; Draperien; Eisenbahnpuffer; Etuis; Fächer; Filetkästen; Fingerhüte; Fische; Haarspangen; Halsketten; Handschuhkästen; Handspiegel; Hufbeschläge; Hüte; Jalousien; Kaffeebecher; Kerzen; Kerzenhalter; Kerzenlöscher; Kindermöbel; Kinderrasseln; Kinderwagen; Knöpfe; Körbe; Krüge; Lampen; Leuchter; Möbel; Nadelbüchsen; Nähkästchen; Notenständer; Ofenschirme; Ohrringe; Papiermaché-Verbände; Puppenköpfe und Puppenglieder; Räucherfiguren; Rechentäfelchen; Reklamefiguren; Särge; Schirmstöcke; Schlitten; Schmuck; Schmuckkästchen; Serviettenringe; Sessel; Spazierstöcke; Spielbretter; Spielkartenhalter; Streichholzschachteln; Stricknadeln; Tabletts; Tassen; Teekästen; Teller; Tiere; Tintenfässer; transportable Malstaffeleien; Truhen; Türfüllungen; Türgriffe; Uhren; Urnen; Vasen; Wagenräder; Zahnmodelle für angehende Zahnärzte; Zigarrenbüchsen; Zuckerdosen.

Vorläufer der Papiermaché-Waren

Die Anfänge des Papiermachés finden sich bereits bei den alten Ägyptern. Mumienmasken, die Gesichtsmasken der Toten, die bei Ausgrabungen in Ägypten gefunden wurden, scheinen Vorläufer unserer heutigen Papiermaché-Masken zu sein. Um den Kopf zu schützen und die individuellen Gesichtszüge der Toten zu erhalten, war es bei begüterten Ägyptern, Griechen und Phönikern sowie in Altperu und Altmexiko üblich, den Toten Gesichtsmasken mit ihren nachgeformten und/oder aufgemalten Gesichtszügen aufzulegen. Einige dieser Masken waren aus Silber, Gold oder Eisen, meistens aber bestanden sie aus einer Art Papiermaché, hergestellt aus Papyrus. Für solche Mumienmasken wurden meist nicht mehr brauchbare Papyrusstreifen verwendet, die schichtweise mit Weizenkleister übereinandergeleimt und in feuchtem Zustand in Form gedrückt wurden. Neben solchen Masken sind bei Ausgrabungen in Ägypten auch Särge ans Tageslicht gekommen, die aus gepreßten Papyrusabfällen und -schnitzeln bestehen. Auch hierfür wurden schon Papyrusschriftstücke verwendet, die entweder wie ein Brei geknetet und geformt oder in Streifen übereinandergelegt und verklebt wurden.[5]

Vorläufer der *Papierkasché-Arbeiten* finden wir auch in Japan. Im 8. Jahrhundert benutzten japanische Mönche eine

Mumienmaske aus Stuck und Papiermaché, Ägypten, etwa 2./4. Jh. n. Chr. Städtisches Museum Simeonstift, Trier

Kaschiertechnik mit dem Papierrohstoff Hanf, um daraus in Schichttechnik sogar Großplastiken zu formen. Um ein großes Gerüst wurde in Lack getauchtes Hanfzeug gewickelt. Die einzelnen Lagen Hanfzeug verklebten miteinander durch den feuchten Lack zu einer festen Schicht. Je dikker die Schichten wurden, um so feiner konnte die Modellierung der Außenhaut werden. Meist bestand das Innengerüst aus Holzgestellen, einige der japanischen Plastiken wurden auch über einer Tonform aufgebaut, die man nach dem Trocknen der Papierhaut zerschlug. Die Scherben wurden dann vorsichtig pulverisiert und herausgeschüttelt.

Nach dem Trocknen hatte man verschiedene Möglichkeiten der Fertigstellung. Einige Objekte wurden nur geformt, getrocknet und angemalt, andere durchliefen diverse zusätzliche Arbeitsphasen. Sie wurden nach dem Trocknen mehrmals geschliffen und geglättet, mit Lack getränkt und im Ofen gebacken, damit der Lack die ganze Masse vollständig durchdringen konnte. Derart behandelte Gegenstände zeichneten sich durch eine besondere Härte aus, die sie durch den Lack und das Trocknen im Ofen erhielten. Oft wurden die Papiermaché-Werkstücke nach dem Trocknen zusätzlich prunkvoll dekoriert, gewachst, mit

Perlmutt beklebt oder mit Wollstaub verziert, so daß die Oberfläche den Eindruck von Fellimitat hevorrief.

Es ist anzunehmen, daß die Verbreitung des Papiermachés den Exportwegen des Papiers gefolgt ist. Nach der Erfindung des Papiers in China gelangte es im 8. Jahrhundert in den Orient und von dort um 1100 nach Italien, Spanien, Frankreich, England und Deutschland. Mit der Verbreitung des Papiers wurden auch die Herstellungstechniken, die Rohstoffe und die vielfältigen Verwendungsmöglichkeiten bekannt. Es war nur ein kleiner Schritt bis auch der Abfall, der bei der Papierherstellung oder -Verarbeitung entstand, oder bereits benutztes, beschriebenes Papier, das als solches nicht mehr gebraucht wurde, weiterverwendet wurde.

Von den ersten Papiermaché-Objekten ist kaum eines erhalten geblieben. Die meisten Objekte waren nicht sehr haltbar oder wertvoll. Sie sind zerbrochen, wurden weggeworfen oder haben aus anderen Gründen die Zeit nicht überdauert. So können wir nur von wenigen erhalten Gegenstän-

Albert von Soest, Bildnis Eberhard von Holle, Papiermasse-Reliefbild, um 1570. Museum für Kunst- und Kulturgeschichte der Hansestadt Lübeck

den oder aus Beschreibungen Rückschlüsse auf die Einführung von Papiermaché ziehen.

Seit dem 15. Jahrhundert ist Papiermaché in Europa bekannt. In den Niederlanden und im Elsaß formten Mönche *Papiermaché-Reliefbilder* mit religiösen Motiven oder dreidimensionale Porträts von Persönlichkeiten des öffentlichen Lebens. Teilweise benutzten sie hierfür dieselben Negativformen, wie sie auch für Tonreliefs verwendet wurden, zum Teil formten sie ihre Reliefs auch frei aus der Hand. Das Lübecker Klostermuseum besitzt zwei Reliefbilder aus Papiermasse, geschnitzt im Jahre 1570 von dem Lüneburger Ratsbildhauer Albert von Soest. Ein Bild stellt den Lübecker Bischof Eberhard von Holle dar, jenen Mann, der das Lübecker Domkapitel reformierte, und der als Lüneburger Klosterprobst dort großen Einfluß auf die zeitgenössische Kunst hatte. Ein weiteres Reliefbild von etwa 1570 zeigt eine Verkündigung. Die beiden geschnitzten Papierbildnisse weisen noch scharfe Konturen auf und sind trotz ihres Alters ungewöhnlich gut erhalten. Im 16. Jahrhundert findet Papiermaché zur Herstellung von Devotionalien im kirchlichen Bereich vielerorts Verwendung. Der große Bedarf an billigen Heiligenfiguren und anderen frommen Souvenirs konnte in den Wallfahrtsorten nun mit Papiermaché-Waren zufriedenstellend gedeckt werden.

In der Stadt Lecce in Italien gab es schon sehr früh eine kleine Kunstindustrie, die Devotionalien herstellte. Schon im 16. Jahrhundert spezialisierte man sich dort mit großem Erfolg auf die Verarbeitung von Papiermaché. Um die Mitte des 18. Jahrhunderts hat diese Kunst dort einen erheblichen Aufschwung genommen und dem größten Teil der Bevölkerung der Stadt Lecce Arbeit gegeben.

Papiermaché wurde nicht nur für fromme Zwecke verarbeitet, sondern diente auch dem Brauchtum. Bereits in der 1. Hälfte des 16. Jahrhundert boten fliegende Händler auf den Märkten der Spielzeugstadt Nürnberg Fastnachtsrequisiten aus Papiermaché an.

Papiermaché in frühen literarischen Quellen

Aus dem 17. Jahrhundert sind Passagen aus Reiseberichten und wissenschaftlichen Abhandlungen über den neuartigen Werkstoff überliefert. In seinem Buch *Uses of Natural Things* beschreibt der englische Naturforscher und Mitbegründer der englischen Akademie der Wissenschaften (Royal Society) Robert Boyle (1627 – 1691), wie man »eine angemessene Menge Papierabfälle« in heißem Wasser auflöst und dann weiterverarbeitet.

Auch die *Curieuse Kunst- und Werkschul, von einem sonderbaren Liebhaber natürlicher Künste und Wissenschaften*, 1696 in Nürnberg erschienen, erläutert verschiedene Rezepte zur Papiermaché-Erzeugung: »Schöne tiefgegrabene silberne Schalen mit Papier abzuformen, daß sie fast alle dem Silber gleich sehen: Mach einen Papen mit Wasser und Mehl an, so du dann schöne, mit tiefen Blumen oder Figuren getriebene Schalen abformen oder figurieren willst; so nimm Fließpapier, welches so groß als die Schalen ist; netze es mit Schwämmen und drücke es allenthalben auf die Schalen; alsdann wieder Fließpapier genommen, solches mit Wasser genetzt, und die halbe Seiten mit Papen bestrichen und also gedoppelt auf die Schalen gelegt, bestreiche es wieder mit Papen und drücke es auf; alsdann wieder doppelt genommen und wie vorhin gemacht, daß es also drei oder vier Male gedoppelt Papier aufeinander kommt, allein das erste Mal muß es einfach, und unbescheimt sein, lasse es also auf den Schalen liegen, bis es ganz trocken wird, alsdann bestreiche es drei Male mit starkem Leimwasser, lasse es allzeit wieder trocken werden, wann man es nun wie Silber haben will, wird es mit Silbergrund bestrichen und wieder getrocknet, doch muß es noch etwas klebricht sein, lege also Silberblätter darauf, mit dem Goldgrund wird ebenso verfahren . . . . «

Johann Zieglers kuriose Beschreibung »Fische nach dem Leben abzuformen und von Papier nachzugießen und nachzuformen« fand sogar über mehrere Jahrhunderte hinweg

Liebhaber, die dieses Rezept immer wieder nachdruckten: So beschrieb sechzig Jahre später (1756) Friedrich Gottlob Eyßvogel in seinem »bis anhero geheim gehaltenen Manuskriptis mit besonderen Fleiß zusammengetragen«, wie es möglich ist, »Fische nach dem Leben abzuformen, daß es fast jederman für natürlich hält, und hernach scheinen, als wann sie auf dem Wasser schwimmen«[6], und auch Louis Edgar Andés zitiert im Jahre 1922 die kuriosen Fische in seinem ausführlichen Werk über Papiermaché.[7]

Der englische Reisende J. Peele äußerte sich 1732 über die verschiedenen papiernen Gebrauchsgegenstände, die ihm auf seiner Reise begegneten: »In Japan haben die Menschen eine Technik, Tassen, Teller und anderes Geschirr aus Papier und manchmal auch aus Sägespäne herzustellen.«

In dem französischen Buch *Auteur du nouveau Teinturier parfait,* herausgegeben 1771, wird recht ausführlich auf die Zusammensetzung und die Herstellung von Papiermaché-Dosen eingegangen: »Man kocht Papierschnitzel und stößt sie im Mörser, bis es eine Art Teig wird. Dieser wird mit einer Lösung Gummi Arabicum oder Leim gekocht, um dem Teig Zähigkeit zu geben. Von diesem kann man verschiedene Galanteriewaren (Bijoux) machen, indem man ihn in eingeölte Formen drückt. Getrocknet wird der Teig mit einer Mischung aus Leim und Ruß behandelt und schließlich lakkiert.«

Die Versuche mit Papiermaché machten auch vor den Bemühungen um die Schönheit nicht Halt. Die hochgetürmten, kunstvoll verzierten Haaraufbauten des Rokoko luden dazu ein, Papiermaché auch für die Herstellung von Perükken einzusetzen. »Ein Genie hat den Einfall gehabt, Perükken aus Papier Maché zu machen [...], welches 1791 bekannt gemacht wurde« – so ist in der Enzyklopädie von Krünitz aus dem Jahr 1808 unter dem Stichwort ›Perrücke‹ zu lesen. Und im Fachbuch *Über den Gebrauch der falschen Haare und Perrücken in alten und neuen Zeiten* schreibt Friedrich Nicolai: »Man hat versucht von Gyps und gekautem Papier Perrucken zu machen.«[8] Allerdings scheinen die Versuche keine zufriedenstellenden Ergebnisse gezeigt zu haben. Der Autor konnte sich mit diesen ungewöhnlichen Aufbauten nicht anfreunden: »Alle diese fremdartigen Perrucken würden doch so wenig Haarmützen als Zwirnsmützen, Drahtmützen, Glasmützen, Gypsmützen und Pappmützen oder Kartoffelmützen zu nennen sein.«

Einmal in die Werkstatt der Perückenmacher eingeführt, wurde Papiermaché auch zu anderen Zwecken verwendet. In François de Garsaults *Die Paruckenmacherkust*, welches 1769 in Leipzig erschien, findet sich der Hinweis auf einen Perückenständer: »Poupée, die Puppe, ist ein aus Pappe gemachter Kopf von natür-

Haubenständer, Deutschland um 1820. Sammlung Schwarzkopf, Hamburg

licher Größe, auf welchem die Weiberparucken accomodiert werden.« Köpfe aus Papiermaché dienten sowohl in den Werkstätten als auch in Privathaushalten als Perückenoder Haubenständer. Derartige Gegenstände waren keinem großen Verschleiß unterworfen, und so kommt es, daß der ein oder andere Papierkopf bis heute erhalten blieb.

Seine Hochblüte erlebte das Papiermaché im Rokoko und Klassizismus. Papiermaché-Waren aus jener Zeit sind heute noch zahlreich vorhanden. Besonders reizvoll wurde das einfach formbare Material im Rokoko, weil die beliebten üppigen Verzierungen und prächtigen Dekorationen mit ihm billig und ohne viel Aufwand auszuführen waren. Heute

25

gibt es zahlreiche Sammler, Spezialisten und Liebhaber, die sich den viktorianischen und georgianischen Papiermaché-Objekten der Englischen Midlands, den kunstvoll bemalten Papiermaché-Tabakdosen, Tabletts, Möbel oder den hübschen Papiermaché-Puppen aus jener Zeit verschrieben haben.

Architektur und Dekoration

Neben der Verarbeitung zu papiernen Verzierungen wurde Papiermaché aber auch als regelrechter Baustoff verwendet. In der norwegischen Stadt Bergen hat es einst eine komplette aus Papiermaché gebaute Kirche gegeben. 1793 wurde sie als Imitation des Pantheons in Rom errichtet. Sie erfüllte immerhin 37 Jahre lang ihre Aufgabe als Gotteshaus und war bis zu ihrem Abriß (1830) funktionstüchtig.

Die herzogliche Kartonfabrik zu Ludwigslust

Seine Jagdleidenschaft veranlaßte den Prinzen Christian Ludwig, in der wald- und wildreichen Gegend in der Nähe des Dorfes Klenow in Mecklenburg zwischen 1731 und 1735 ein kleines Jagdschloß errichten zu lassen. Diesem gab er im August 1754 den Namen Ludwigslust. Sein Sohn Herzog Friedrich der Fromme von Mecklenburg-Schwerin (1717 – 1785), der im Jahre 1756 die Herrschaft übernahm, beschloß, Ludwigslust zu seiner künftigen Residenz zu machen. Allerdings entsprach das Jagdschloß des Vaters nicht den Ansprüchen des jungen Herzogs, und so plante dieser, an derselben Stelle ein neues Residenzschloß erbauen zu lassen. Vorbild für die Gestaltung des Bauwerks war das königliche Schloß Ludwigs XIV. in Versailles.

Herzog Friedrich der Fromme wollte, daß sein Schloß dem des französischen Sonnenkönigs so ähnlich wie möglich würde, und bemühte sich zunächst, all die notwendigen Baumaterialien zu beschaffen. Abgesehen von dem einheimischen Sandstein sollten alle anderen wertvollen Baustoffe und Dekorationen importiert werden. Friedrich bestellte roten und grauen Marmor aus Schweden, Tapeten aus Hamburg und Lüster aus Neustadt. Das Geld für den Schloßbau und seine Ausstattung kam zum größten Teil aus der herzoglichen Forstkasse und aus dem Sandverkauf. Mecklenburg war arm, und in der ›Sand- und Holzkasse‹ war bei weitem nicht genügend Geld für die Umsetzung all der großartigen Baupläne. Notgedrungen mußte der Herzog überlegen, wie sich seine kostspieligen Pläne trotz der knappen Kasse verwirklichen ließen.

Er wollte nicht auf den Glanz und eine hochherrschaftliche Ausstattung verzichten, und da er keine echten Stuckverzierungen, Marmorstatuen und prunkvollen Möbel anschaffen konnte, kam ihm der Einfall, den Prunk vorzutäuschen. Es wurde Ausschau nach einem Ersatzmaterial gehalten, welches in der Anschaffung und Verarbeitung billig sein sollte, vielseitig verwendbar war und das Aussehen erlesener Objekte annehmen konnte.

Das neue Material für die Verwirklichung der Ludwigsluster Pläne war Papiermaché. Mit ihm konnte Herzog Friedrich sowohl seine barocken Architekturträume verwirklichen, als auch alle anderen innenarchitektonischen Probleme lösen. Papiermaché-Verarbeitung war zu jener Zeit bereits bekannt, aber die Idee, ein ganzes Schloß damit auszustatten, bewies neben einer blühenden Phantasie und dem Anflug von Tollkühnheit auch eine gehörige Portion Mut.

Hofkirche und Goldener Saal

Die Realisation der Pläne des Herzogs mußte zunächst einmal wegen des Siebenjährigen Krieges verschoben werden. 1764 begannen dann die ersten Bauarbeiten an den Schloßgebäuden. Zwischen 1765 und 1770 wurde die tempelartige Hofkirche gebaut. So entstand trotz der finanziellen Bedräng-

Stuckornamente
aus Papiermaché.
Schloß Ludwigs-
lust. Photo: Olaf
Gollnek

nis das überaus phantasievoll gestaltete, reich verzierte und mittlerweile berühmte Schloß Ludwigslust.

Im Inneren der Ludwigsluster Hofkirche sind auch heute noch Papiermaché-Dekorationen zu finden. Insbesondere der Fürstenstuhl, auch ›Herzogenloge‹ genannt, und die eine Etage höher liegende zweigeschossige Loge für die Hofdamen und das Kavalierscorps sind überaus reich ausgestattet und mit vergoldeten Ornamenten und Stoffdraperien geschmückt (Abb. S. 49). An der ausschwingenden Balustrade des Kavalierstuhls befindet sich ein farbenprächtiger Vorhang mit kunstvollem Faltenwurf. Allerdings sind weder die Stoffdraperien noch die Vorhänge, Troddeln, Kordeln und Bordüren von Motten angefressen oder brüchig geworden. Sie haben sich bis heute gut erhalten, sind allenfalls ein wenig verstaubt. Wie die vergoldeten Stuckornamente im Kirchenschiff sind sie nicht, was sie vortäuschen zu sein: All diese Dekorationen sind aus Papiermaché gefertigt.

Auf dem Altar stehen sechs goldene Kerzenleuchter. Auch hier trügt der Schein: Nicht nur die prunkvollen vergoldeten Kerzenhalter selbst, sondern auch die etwa 50 cm langen Kerzen, sind Imitationen. Auch dies hat seine Gründe in der notwendigen Sparsamkeit des Herzogs. Bienenwachs war teuer; der Herzog, der häufig in die Kirche ging, wollte trotz seines Geldmangels nicht auf den Kerzenschein verzichten. So ließ sich einer seiner Mitarbeiter einen raffinierten Trick einfallen: Die goldenen Altarkerzen sind lediglich Papiermaché-Hülsen, in deren Inneres Spiralfedern eingearbeitet sind. In diese Hülsen wurden billige Kerzen in beliebiger Größe, Form und Farbe gesteckt. Die Federn drücken die Kerzen jeweils so weit nach oben, daß nur die brennenden Dochte sichtbar sind. Durch diese Mechanik sieht es so aus, als stünden auf dem Altar immer sechs kostbare, gleich große, schön geformte Altarkerzen.

Die in der Kirche und im Schloß verwendeten papiernen Stuckornamente sind mit Hilfe vorgefertigter Gipsformen hergestellt; die Stoffimitationen, Kerzenleuchter, andere ausgefallene Dekorationen und komplizierte Unikate wurden jeweils von Hand modelliert und kunstvoll bemalt.

Die Residenz Ludwigslust wurde planmäßig mit Papiermaché-Imitaten ausgestattet. Sämtliche Verzierungen, Stuckersatz, Möbelornamente und Kunstgegenstände waren aus Papier gegossen, gepreßt oder modelliert. Aus Papier bestanden alle Wandverzierungen, Kapitelle, Säulen, Türzierleisten, Konsolen, Gesimse, die den Zimmerwänden und Möbeln vorgeblendet wurden, wie auch Möbel, Vasen, Büsten, Girlanden, Spiegelrahmen, dekorative Lüster und Schmuckelemente wie Blumen und Blattwerk.

Die Reisebeschreibungen des Engländers Thomas Nugent aus dem Jahre 1766, 1781 bei Nicolai erschienen, enthalten die früheste Erwähnung von Papiermaché-Arbeiten in Ludwigslust. Er beschreibt den sogenannten Kaisersaal, der im Park lag, als »einen Platz, der seinen Namen von den zwölf römischen Kaiser-Statuen hat, die hier stehen. Alle diese Statuen sind aus bloßer Pappe.« Nugents Darstellung deckt sich mit anderen zeitgenössischen Berichten, nach denen die Büsten witterungsbeständig gewesen sein sollen. Den Sommer über sah man sie bei jedem Wetter im Freien, im Winter aber wurden sie untergestellt. So überdauerten die zwölf Kaiserstatuen zwei Jahrhunderte, bis sie im Zweiten Weltkrieg zerstört wurden.

Viele der Einrichtungsgegenstände des Schlosses haben die politischen Veränderungen der vergangenen 60 Jahre

Büsten aus Papiermaché. Schloß Ludwigslust

nicht überstanden. Nach dem letzten Krieg wurde das Schloß zeitweise als Verwaltungsgebäude genutzt. Die Kunstgegenstände wurden achtlos zusammengeräumt und fortgeschafft; Papiermaché-Lüster mußten Neonlampen weichen, die zierlichen Möbel wurden durch Büroeinrichtung ersetzt. So ist einiges, was die Kriege überdauert hatte, in diesen letzten Jahren zerstört worden oder verschollen. Zur Zeit wird das Schloß renoviert und restauriert, und erfreulicherweise bemüht man sich, die Objekte, die sich im nahegelegenen Schweriner Schloßmuseum befinden und die eigentlich zur Einrichtung von Ludwigslust gehörten, wieder an ihren ursprünglichen Ort zu bringen.

Erhalten sind 23 kleine runde, sehr fein gearbeitete Reliefbilder römischer Kaiser und Kaiserinnen aus gepreßtem Papiermaché (Durchmesser etwa 5,5 cm). Unter die weißen Porträts auf blau geprägtem Grund sind in weißen Buchstaben die Namen der jeweils Abgebildeten geprägt. Die Bilder sind in vergoldete Rahmen eingefaßt, welche Papiermaché-Ornamente und Ranken zieren.

Leider blieben nur wenige der empfindlichen Papierma-ché-Möbel erhalten. Im Schloß gibt es noch einen zweitüri-gen Schrank, dessen üppig vergoldete Ornamente ebenso wie die prunkvoll verzierten Beine eines halbrunden Konso-lentisches aus Papiermaché bestehen. Restauriert wird zur Zeit ein weiteres Ludwigsluster Kuriosum. Die etwa 200 Jahre alte Standuhr aus Papiermaché, deren Uhrwerk vom Ludwigsluster Uhrmacher Beneke signiert ist, befindet sich in einem etwa 2,20 m hohen Holzgehäuse. Den Kasten schmückt ein Aufsatz aus Papiermaché, verziert mit muschelartigen Ornamenten und allegorischen Motiven wie Stundenglas und Adlerflügel. Diese Dekorationen, die einst kunstvoll bemalt und vergoldet waren, umrahmen ein reich verziertes, ebenfalls aus Papiermaché bestehendes Ziffer-blatt, das sich heute im Staatlichen Museum Schwerin befin-det.

Als Nippes würde man heute die damals so beliebten mecklenburgischen Tischdekorationen bezeichnen. Sie stellten meist Jagd- oder Tierszenen dar und sollten zur Dekoration von festlich arrangierten Tafeln dienen. Dem Prediger Johann Christian Friedrich Wundemann gefielen

Reliefbilder römischer Kaiser und Kaiserinnen. Schloß Ludwigslust

Der ›Goldene Saal‹.
Schloß Ludwigs-
lust. Photo: Olaf
Gollnek

die Ludwigsluster Porzellanimitationen, und er lobte sie in
dem ersten Teil seines Werks *Mecklenburg in Hinsicht auf
Kultur, Kunst und Geschmack*, das um 1800 erschien: »Die
Plateaus sind mehrentheils von Berliner Porcellan in sehr
mannigfaltigen Formen und Figuren, doch auch häufig von
Ludwigsluster Carton, worin gewöhnlich große Thierstücke
von vortrefflicher Arbeit dargestellt werden.«

Unter den vielen prachtvollen Räumen des Schlosses ist
der Goldene Saal mit seiner phantastischen barocken Ausstattung hervorzuheben. Dieses Prunkstück lag dem frommen Herzog besonders am Herzen. Auch hier besteht die
gesamte Innendekoration des festlichen Saales, der sich über
zwei Etagen erstreckt, aus Papiermaché. Um die Pracht und
den Glanz hervorzuheben, sind fast alle Schmuckelemente,
Deckenskulpturen, Büsten, Putten, Kerzenleuchter, Spiegelrahmen, wie der Name des Saales bereits vermuten läßt, vergoldet. Der prüde Herzog veranstaltete im Goldenen Saal
jedoch keine Feste, nur zu Konzerten war er Gästen zugäng-
lich. Bei solchen offiziellen Gelegenheiten durften die Herren den Prachtsaal allerdings nur vom ›Parterre‹ aus bewun-

Schloßcafé Ludwigs-
lust mit Hirschköpfen
aus Papiermaché

Schloßcafé Ludwigslust.
Photo: J. Grobbel,
Fredeburg

33

dern; ihnen war die Galerie – und somit ein Blick in die Dekolletés der Damen – strengstens verboten.

Das jetzige Café des Schloßmuseums ist wie ein Jagdzimmer ausgestattet und mit den herzoglichen Jagdtrophäen dekoriert. Jede dieser Trophäen ist mit einem Schildchen versehen und dem Hinweis, wer wann und wo welches Tier geschossen hat. Schaut man aber genauer hin, so sieht man, daß auch hier der Schein trügt. Nicht alle Tiere, die den Betrachter von der Wand her anblicken, waren einmal lebendig. Zwischen einigen echten ausgestopften Beutestücken schauen uns zahlreiche Hirsch- und Rehköpfe aus Papiermaché an, die naturgetreu bemalt und mit echten Geweihen von den Originalen kaum zu unterscheiden sind.

Von der Werkstatt zur Manufaktur

Um das Trugschlößchen ausstatten zu können, wurden Werkstätten benötigt, die in der Lage waren, das neuartige Material zu verarbeiten. Also ließ Herzog Friedrich Mitte des 18. Jahrhunderts auf dem Schloßgelände, in der ehemaligen Lakaienbaracke, eine Papiermaché-Manufaktur und ein Bildhaueratelier einrichten, die ausschließlich für den Baubetrieb und die Ausstattung des Schlosses arbeiten sollten. Hier wurde geforscht und experimentiert. Es mußten neue Verfahren entwickelt werden, die es gestatteten, die riesigen Deckenornamente, die früher aus Gips gegossen oder aus Holz geschnitzt worden waren, in Papiermaché nachzuformen. Tagelöhner kneteten, schnitzten, preßten und bauten unter der Anleitung des Hoftischlers und Bildhauers Christian Ludwig Sievert jedes gewünschte Papiermaché-Objekt.

Über die Zusammensetzung des Papiermachés der Ludwigsluster Manufaktur gibt es keine exakten Angaben. Außer einigen Belegen über die Anschaffung von Mehl, Weingeist und Gips ist über die Rezeptur nichts bekannt. Der Hauptbestandteil des geheimen Materials war allerdings ›recycltes‹ Papier. Aus dem Jahre 1773, der Zeit des Schloßbaus, datiert denn auch eine Order des sparsamen Herzogs

Friedrich an seine Ämter und Kollegien, dem Lakaien Bachmann für die Weiterverarbeitung zu Papiermaché altes, unbrauchbares Papier zu liefern. Zumindest seine Finanzbehörden scheinen dieser Order nachgekommen zu sein. An einigen Büsten, die sich heute noch im Schloß befinden, kann man sehen, daß sie aus Papier hergestellt sind, welches in Lagen übereinandergeleimt wurde. Die deutlich erkennbaren Zahlenkolonnen zeigen, daß das Finanzamt der Erstbenutzer dieses Papiers war.

1764 übernahm Johann Georg Bachmann (1738 – 1815), der bei Herzog Friedrich als Lakai angestellt gewesen war, die Aufsicht über die florierende Ludwigsluster Papiermaché-Produktion. Bachmann stürzte sich voller Elan auf seine Aufgabe und betrieb in den folgenden Jahrzehnten den erfolgreichen Ausbau der Manufaktur. 1777 avancierte er zum Leiter der Kartonfabrik. Da er allein die genaue Rezeptur für die Herstellung des Papiermaché kannte, war er in der Lage, seinen einflußreichen Posten jahrelang zu behalten und auszunutzen. Die Geheimnistuerei um die Zusammensetzung des Papiermachés führte schließlich dazu, daß Bachmann die Rezeptur bis zu seinem Tode verschwieg und er sein Geheimnis mit ins Grab nahm.

Nachdem die Lakaienbaracke zu klein geworden war und die Arbeiten immer umfangreicher wurden, mußte die Manufaktur in eigene Räume umziehen. So entstand die erste *Cartonfabrique* Deutschlands. Geplant war diese Fabrik nun nicht mehr nur als Werkstatt für das Schloß Ludwigslust, sondern sie sollte ein kommerzielles Unternehmen werden, welches mit dem In- und Ausland Handel trieb. Die neue Fabrik ließ sich im heutigen Ludwigsluster Rathaus nieder. Der Landesherr setzte große Hoffnungen in die Rentabilität der jungen Fabrik und förderte diese Einrichtung, um weitere Einnahmequellen aufzutun.

Die Produktion von Papiermaché-Objekten verselbständigte sich im Laufe der nächsten Jahrzehnte zunehmend und entfernte sich immer weiter von der eigentlichen Baudekoration. Die Erzeugnisse der *Ludwigsluster Cartonfabrique*,

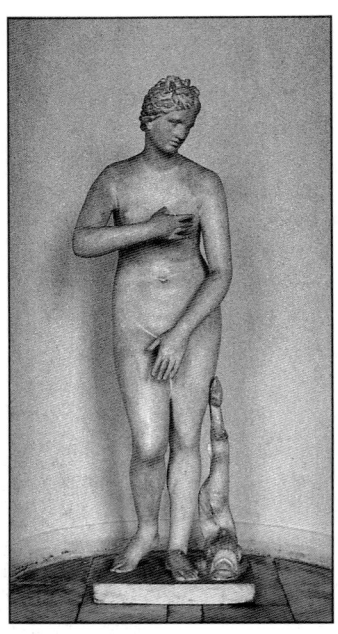

›Venus Medici‹, Kopie aus Papiermaché nach dem Original in den Uffizien in Florenz. Schloß Ludwigslust

die auf dem freien Markt angeboten wurden, verkauften sich gut, denn Bachmanns Angebot entsprach dem Zeitgeschmack. Der neue Werkstoff eignete sich hervorragend zur Vervielfältigung von Kunstwerken, die niedrigen Preise und das geringe Gewicht der Artikel konnten durchaus mit den anderen Manufakturen (die Gußeisen, Gips und Kunstbackstein verarbeiteten) konkurrieren.

1790 veröffentlichte Bachmann in dem in Weimar erscheinenden *Journal des Luxus und der Moden*, herausgegeben von Friedrich Justin Bertuch, ein »Verzeichniß der in der Herzogl. Carton-Fabrik zu Ludwigslust verfertigte Sachen nebbst beygefügten Preisen....«. Angeboten wurden unter anderem lackierte, marmorierte, bronzierte oder gefaßte antike Vasen mit mattvergoldeten Verzierungen, Uhrengehäuse, Wandleuchter, Flachreliefs, Konsolen, Postamente, Tafelaufsätze und verschiedene Figuren. Die Statuen, die in Ludwigslust hergestellt wurden, waren meist Imitate bekannter Skulpturen wie zum Beispiel die *Venus Medici,* die im Original aus weißem Marmor gehauen ist. Eine andere beeindruckende Statue, die *Weibl. nackte Fig. so aus dem Bade kömt,* ist eine Papiermaché-Kopie der *La Frileuse* des französischen Bildhauers Jean Antoine Houdon (1741–1828). Es handelt sich hier um die Imitation der Bronzefassung aus dem Jahr 1787, ohne Vase und Drapie-

36

rung. Die Papiermaché-Kopie ist rot angestrichen, um dem eigentlichen Original aus Terrakotta möglichst ähnlich zu sein. Die aus dem Bade steigende Nymphe war schon in Frankreich sehr beliebt gewesen und wurde in Ludwigslust zu einem großen Verkaufserfolg. Bachmann ließ weitere Büsten in Kleinserien herstellen. Seine Bildnisse von zeitgenössischen Persönlichkeiten waren bei den Käufern sehr gefragt; hier waren besonders Voltaire, Rousseau und verschiedene amtierende Feudalherren beliebt.

Als guter Kaufmann spürte Bachmann auch neue Absatzmärkte auf. Er bot die neuen Papiermaché-Waren bald nicht mehr nur im abgelegenen Mecklenburg an, sondern errichtete in größeren deutschen Städten Kommissionsgeschäfte: 1788 in Hamburg, 1789 in Leipzig, 1790 in Lübeck, 1791 in Berlin.

Die *Zeitung der Industrie und Spekulation für die Kaiserlichen und Königlichen Erblande* veröffentlichte im November 1797 einen längeren Artikel über Bachmann: »Diesem Mann [Bachmann] verdanken Kunstfreunde ein Produkt, das sich seiner Sonderbarkeit und Neuheit eben in dem Maße empfiehlt, als es sich durch seine Schönheit auszeichnet. Herr Bachmann läßt nämlich in der dortigen Fabrik, welcher er vorsteht, eine ganz eigene Art von Kunstwerken unter seiner Leitung verfertigen, deren Material nichts anders als Papier ist, das erhaben gearbeitet wird. Die Fabrik liefert

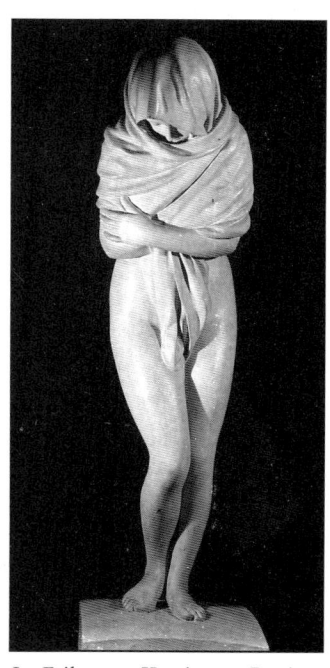

›La Frileuse‹, Kopie aus Papiermaché nach dem Original im Musée Fabre in Montpellier. Staatliches Museum Schwerin

davon alle möglichen Gattungen von Basreliefs, Statuen, Büsten, Gefäße, überhaupt alle und jede poschir Arbeiten, sie nimmt ihre Modelle sowohl aus dem Altertum her, als auch aus der heutigen Welt, daher man denn auch in ihrem Warenlager allen antiken und modernen Geschmack antrifft. [...] Richtigkeit der Zeichnung, Füllung, Schärfe und Rundung findet man daran in eben dem Maße als wie an einem metallenen Bild oder die Gipsarbeiten der Italiener haben können. Es ist wirklich sehr [...] zu wünschen, daß diese in ihrer Art eigene Fabrik alle nötige Unterstützung erhielte und also fortführt, uns Produkte zu liefern, die so sehr geschickt sind, ein Zimmer mit Pracht und Geschmack zu verzieren, und den Kunstfreund auf die edelste Weise zugleich zu beschäftigen.«

Unter den fabrikmäßig hergestellten Nachahmungen von Kunstwerken machten sich die Ludwigsluster Papiermaché-Produkte im 18. Jahrhundert einen bedeutenden Namen. Hauptabnehmer der Ludwigsluster Erzeugnisse war neben auswärtigen Fürstlichkeiten mehr und mehr die städtische Kundschaft, besonders das wohlhabende Bürgertum. Der steigende Umsatz der Manufaktur trug in der Zeit ihrer Hochblüte deutlich zur wirtschaftlichen Entwicklung des ansonsten rückständigen Mecklenburg bei.

Nach der Jahrhundertwende stagnierte die Produktion. Durch die Abwanderung vieler Arbeiter zu den mittlerweile gegründeten Konkurrenzunternehmen verminderte sich sowohl die Qualität als auch die Quantität der Ludwigsluster Produktion. Hinzu kam die sich wandelnde Wohnkultur. Tafelaufsätze, dekorative Büsten und Statuen sowie barocke Verzierungen aus Papiermaché waren nicht mehr gefragt. Zur Biedermeierzeit verlangte man nicht so sehr nach repräsentativen Raumausstattungen, sondern legte größeren Wert auf kleine zierliche Kostbarkeiten wie Gläser und Sammeltassen.

1811 übergab Bachmann auf höhere Weisung die Lagerbestände an den Hofbaumeister Johann Georg Barca, der die Geschäfte aber schon fünf Jahre später dem Galeriedirektor

Friedrich Lenthe als neuem Leiter der Fabrik übergab. Obgleich das Interesse an Papiermaché-Waren stark gesunken war, verschaffte Lenthe den Bilanzen ein kleines Zwischenhoch. Dies gelang ihm mit Hilfe zweier populärer Persönlichkeiten, die er in Papiermaché porträtierte. Er bot eine Büste der verstorbenen Erbgroßherzogin Karoline an und zur 300-Jahrfeier des Thesenanschlages die des Martin Luther.[9]

Nach 1823 setzte dann ein rapider Rückgang des Verkaufs ein. Eine Zeitlang arbeitete man noch auf Bestellung. Dem kürzlich aufgetauchten Schriftwechsel der *Ludwigsluster Cartonfabrique* sind einige interessante Details über die letzten Fabrikationsjahre zu entnehmen. So erfahren wir zum Beispiel, daß noch kurz vor Torschluß verschiedene Neuheiten entworfen und angeboten worden sind. Als Einzelstücke haben einige Kuriositäten ihre Abnehmer und Liebhaber gefunden. Das anatomische Pferd, welches der Forstmeister von Rantzow im November 1815 erwarb, oder verschiedene Puppenteile, die zwischen 1813 und 1822 die Fabrik verließen, allerdings nie in die reguläre Produktion gegangen sind. Mit dem Jahr 1835 schließen die Abrechnungen der Ludwigsluster Kartonfabrik, deren umfangreiche Aktenbestände heute im Staatsarchiv Schwerin aufbewahrt werden.

Kunstmanufakturen in Deutschland und Italien

Als zu Beginn des 18. Jahrhunderts die Nachfrage nach billigen Kunstimitationen stieg, führte dies zur Gründung weiterer *Kunst-Manufakturen*. Die Massenproduktion billiger Nachahmungen hatte begonnen.

Durch den Besitz preiswerter Standardkunstwerke wollte die neue städtisch-bürgerliche Käuferschicht das Niveau ihres Standes sichtbar machen – im Gegensatz zu den bisherigen, dem Adel angehörigen Auftraggebern, die mit dem Erwerb des Besonderen die eigenen Standesgenossen zu übertreffen suchten. Die Kunst diente nicht mehr nur in erster Linie der fürstlichen Repräsentation. Auch als gebildeter Bürger wollte man Geschmack und Kunstverständnis vorweisen können. Eine Sammlung von Kunstwerken bzw. populären Nachbildungen sollte dieses Bestreben dokumentieren.

Viele Papiermaché-Fabriken boten Statuen, Vasen und Büsten als Garten- und Zimmerdekorationen sowie als Ofenaufsätze an – einige davon blieben über Jahre ein Verkaufsschlager. Es kam häufig vor, daß verschiedene Kunstimitatoren dieselben Vorbilder benutzten, und so wurden die berühmtesten Papiermaché-Kopien manchmal von mehreren Anbietern auf den Markt gebracht.

Oft waren die Figuren antiken römischen Statuen nachgebildet. So zum Beispiel der *Stehende im antiken Gewande* oder der *Kopf eines römischen Kaisers,* die sich beide heute im Staatlichen Museum Schwerin befinden. Ebenfalls antiken Vorbildern nachempfunden und sehr beliebt waren Dichter, Philosophen und Naturwissenschaftler. Des weiteren wurden erfolgreich Papiermaché-Figuren angeboten, die lebende und jüngst verstorbene Fürsten und Feldherren porträtierten. Die Büste von Tadeusz Kosciusko, des Herzogs Friedrich von Mecklenburg-Schwerin und eine Büste des preußischen Königs Friedrich Wilhelm II. sind bis heute ebenfalls in Schwerin erhalten. Auffallend gering ist zu jener Zeit allerdings der Anteil sakraler Skulpturen.

Auch viele Requisiten der zeitgenössischen Inneneinrichtung wurde in Papiermaché angeboten: Tapetenleisten, Konsolen, Uhrgehäuse, Lampetten, Säulenpostamente, Vasen, Uhren und Bilderrahmen. Figürliche Szenen aus Papiermaché waren entweder farbig bemalt, wie zum Beispiel Tafelaufsätze, Tierstücke oder Hirtenidyllen, oder in Nachahmung anderer Materialien einfarbig gehalten oder getönt.

Vergoldete Papiermaché-Bilderrahmen als Ersatz für teure Holzrahmen waren 1854 auf der Münchener Gewerbeausstellung ein Schlager. Mit steigendem Interesse an Wand-

Jagdszene mit
Enten, um 1890.
Sammlung
Packert, Neustadt

schmuck und damit an einer adäquaten Rahmung wuchs die Zahl der Erzeugnisse auf diesem Gebiet. Durch Blindprägung, Bronzierung und Vergoldung wurden Solidität und Kostbarkeit vorgetäuscht, der Preis lag aber deutlich unter dem solcher Rahmen, die aus Holz geschnitzt waren.

Die fabrikmäßige Fertigung von Papiermaché-Artikeln brachte es mit sich, daß zunehmend billigere Verfahren erdacht und Maschinen für die schnellere und vereinfachtere Fertigung erfunden wurden. Wie man die Papiermasse billiger herstellen konnte, wird im *Buch der Erfindungen* von Max Kraft aus dem Jahre 1889 erläutert: »Gewöhnlich wird dem Papierteig, um seinen Preis zu ermäßigen und ihn auch härter zu machen, fein gemahlener Thon, oder Kreide, auch Holzasche beigemengt.«

Kraft beschreibt darüber hinaus die Herstellung von Büsten und sonstiger plastischer Gegenstände mit Hilfe verschiedener Vorrichtungen: »Die nach den Regeln der Formerei aus Guttapercha oder sonst einem elastischen Stoffe hergestellte Form wird in einem Kasten B so gestellt, daß ihr Hohlraum mit einer Öffnung im Boden des Kastens korrespondiert. Dieser Kasten B wird in einer mit Papierstoff gefüllte Bütte A in der Weise eingesetzt, daß sie in die Masse eintaucht. Durch das Rohr F, das mit einer Saugvorrichtung in Verbindung steht, wird nun die Luft aus dem Kasten B und

41

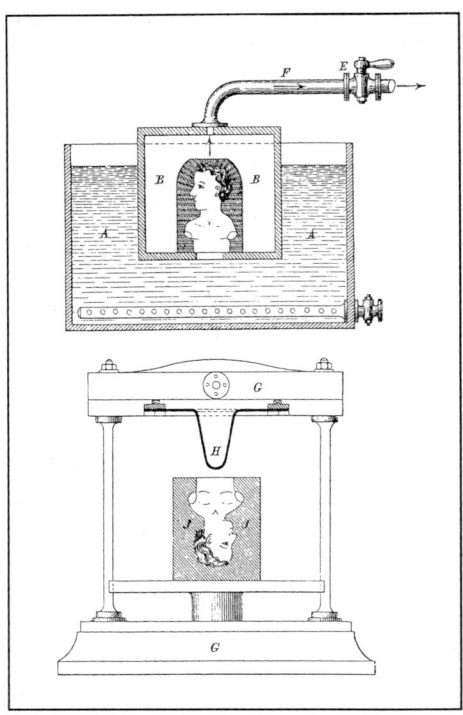

Papiermaché-Gieß-
technik, Abb. aus:
Max Kraft, Buch
der Erfindungen,
Bd. 8, Leipzig
1898

aus dem Hohlraum der Form, da diese mit vielen Löchern
versehen ist, ausgesaugt; dadurch legt sich die Papiermasse,
welche in die Höhlung der Form eindringt, an die mit Gaze-
stoff bedeckten Innenwände der Form und zwar um so dikker, je länger das Saugen fortgesetzt wird. Um nun den so entstandenen, ebenfalls hohlen, aus der Form entfernten
Gegenstand, hier die Büste, mit der nötigen Festigkeit zu versehen, muß die Masse noch einem starken Druck ausgesetzt
werden. Zu diesem Zwecke setzt man die Büste in eine
genau gleiche Metallform und stellt diese, wie dies die
untere Abbildung zeigt, umgekehrt auf die Druckplatte einer
Presse und preßt dieselbe so gegen den oben sichtbaren, aus
Kautschuk bestehenden Kern H, daß dieser in die Höhlung

der Büste eindringt, sich durch das Einpressen von Luft den Hohlraum von H an die Wände des Hohlraumes der Büste gut anlegt und die Masse der letzteren einem starken Druck unterwirft.«

Luigi Guacci, 1871 in Lecce (Terra d'Otranto) geboren, war Bildhauerschüler an der Accademia di S. Luca in Rom. Als Bildhauer arbeitete Guacci vorwiegend mit Marmor und Bronze. Die Kunst Papiermaché zu verarbeiten war in seiner Heimatstadt seit dem 16. Jahrhundert bekannt. Als Guacci in Lecce Begründer und Leiter einer großen Schule für gewerbliche Plastik wurde, sah er seine Aufgabe darin, die künstlerische Tradition mit modernen Anforderungen zu verbinden. Guacci machte sich besonders um den Ausbau der einheimischen *Cartapesta-Industrie* verdient, die einem Großteil der dortigen Bevölkerung Arbeit gab. In seiner Gewerbeschule bildete er qualifizierte Modelleure aus, die dem traditionsreichen Papiermaché-Gewerbe neuen Esprit verliehen.

Aus dem *Laboratorio Guacci* sind Tausende von Heiligenfiguren, Madonnen, Kruzifixen und Engeln in allen Größen hervorgegangen. Diese Devotionalien waren nicht nur in Italien gefragt, sondern wurden auch nach Übersee exportiert. Allerdings beschränkte sich Guacci nicht ausschließlich auf das religiöse Genre. Dank vielseitiger Inspirationen kamen auch Profanskulpturen zu neuen Ehren.

Guaccis Skulpturen zeichnen sich durch ihre klare Formensprache und schlichte Formengebung aus. Sein Name war auch in Nordeuropa wohlbekannt. Louis Edgar Andés betont zu Beginn des 20. Jahrhunderts, daß es dem »bedeutenden Bildhauer Guacci [...] zu verdanken [ist], daß die Papierskulptur einen neuen Aufschwung genommen hat.«

Papierstuck und Papiermaché-Baumaterial in England

Gipsstuck-Imitationen aus Papiermaché waren noch in den letzten Jahrzehnten des 19. Jahrhunderts in vielen herrschaftlichen Häusern ein unverzichtbarer Bestandteil der Zimmerdekoration. Papierstuck ist einer der am häufigsten verwendeten papiernen Ersatzstoff-Artikel. Die Papiermaché-Wandverzierungen, -Türaufsätze, -Gesimse, -Konsolen, -Rosetten, -Kassetten und -Medaillons für die Dekoration der Zimmerdecken konnten bei verschiedenen Anbietern nach dem Katalog bestellt werden. Sie waren entweder bereits farbig geprägt oder ließen sich passend zur Einrichtung und Wandfarbe in den gewünschten Farbtönen überstreichen. Für die Ausstatter der Luxus-Kabinen auf den Dampfschiffen war Papiermaché-Stuck ganz besonders interessant, weil er entgegen seines geringen Gewichts üppig und schwer aussah.

Mit der Zeit vollzog sich in Deutschland ein Wandel in der Bewertung des Rohstoffes. Galt Papiermaché einst als neues interessantes und vielseitiges Material und später dem edlem Marmor und der Bronze gleichberechtigt, so stufte man es schließlich nur noch als billigen Ersatz ein. Die Nachfrage und die Produktion von Papiermaché-Dekorationen in der Kunst- und Baubranche nahmen gegen Ende des 19. Jahrhunderts stetig ab. Von den 15 Papierstuck-Herstellern, die es 1892 im sächsischen Raum gab, produzierten 1927 nur noch zwei.

Die Geschichte des Papiermaché verlief in England ein wenig anders als in Deutschland. Hier gab es bis etwa 1690 bis auf wenige Ausnahmen fast nur vom Festland importiertes Papier. Unter den französischen Hugenotten, die zu Beginn des 18. Jahrhunderts nach England auswanderten, gab es viele, deren Profession die Papiermacherei war. Einige von ihnen richteten auf der Insel eigene Papiermühlen ein. Und nicht lange danach begann auch die Produktion der Papiermaché-Waren.

Die Verwendung von Papiermaché als Baumaterial faszinierte die Engländer besonders. Schon früh wurden viele berühmte britische Bauwerke mit Papiermaché dekoriert. In Alscot Park in Warwickshire gab es Räume, deren Decken mit üppigen gotischen Papier-Ornamenten verziert waren.

Laut einem Artikel in *Country Life* von 1765 haben sich die Besitzer diese Dekorationen einiges kosten lassen – genau 117 Pfund und 14 Schillinge.

Weitere Versuche mit dem neuen Material brachten unter anderem auch papierne Treppengeländer (Mahagoni-Imitation), Imitationen von Metallbeschlägen, Möbel und Porzellan, architektonische Ornamente sowie Stuckwerk und sogar Blumentöpfe hervor.

Die Herstellung von Papiermaché-Ornamenten begann in England schon früh und erlebte Mitte des 18. Jahrhunderts eine erste Blütephase; der Höhepunkt des Interesses war allerdings erst Mitte des 19. Jahrhunderts erreicht. Einzelne Namen und Manufakturen ragen wegen der überaus großen Phantasie und/oder Geschäftstüchtigkeit ihrer Inhaber aus der Masse der Papiermaché-Werkstätten in England heraus.

Dunster

Die Manufaktur für architektonische Ornamente aus Papiermaché in Dunster fertigte die Dekoration des königlichen Schlosses in London an. Der Vorteil einer solchen Dekoration lag nicht nur im Anschaffungspreis, sondern auch in der einfachen und billigen Wartung. In der *History of Dunster* wird beschrieben, wie es im Jahre 1758 zuging, wenn im Schloß umgeräumt wurde: »Die Wandverzierungen des Schlafzimmers wurden abgenommen und zum Überarbeiten von London nach Dunster geschickt – in einem Paket, welches nicht mehr als 50 Pfund wog.« Nachdem die restaurierten Verzierungen ins Schloß zurückgekommen waren, konnten sie ohne großen Aufwand in den renovierten Räumen angebracht werden.

George Jackson

Die Nachfrage nach diesen interessanten Dekorationen stieg, und zunehmend mehr Betriebe spezialisierten sich auf die Verarbeitung von Papiermaché. 1780 gründete George Jackson, der bis dahin als Schnitzer hölzerne architektonische Ornamente gefertigt hatte, eine Fabrik in London. Jacksons prachtvolle Papiermaché-Ornamente wurden sehr schnell bekannt und schmückten die vornehmsten Häuser Englands. Seine Firma bestand mehr als zweihundert Jahre und warb lange Zeit mit dem Angebot, sämtliche jemals hergestellten Formen jederzeit zu restaurieren, in den Originalformen nachzumachen oder fachgerecht zu ergänzen.

Lewis Charles Ducrest

Am 12. August 1788 ließ Lewis Charles Ducrest in London die kuriosesten Verfahren und Objekte patentieren:»Häuser, Brücken, Schiffe, Boote, jegliche Sorten von Kutschen, Sänften, Stühlen, Tischen, Bücherregalen, entweder ganz aus Papier oder Holz und Eisen, mit Papier kaschiert.« Ducrest wollte sich offensichtlich gesetzlich vor konkurrierenden Imitatoren seiner Nachahmungen schützen.

Charles Frederick Bielefeld

Mitte des 19. Jahrhundert machte sich Charles Frederick Bielefeld als einer der bemerkenswertesten Erfinder von Papiermaché-Artikeln und als ein hervorragender Techniker und Verarbeiter dieses Materials einen Namen. Er spezialisierte sich auf die Anfertigung von Papiermaché für architektonische Zwecke und war in der Lage, riesige Platten aus Papiermaché anzufertigen, die oft größer als 1,80 x 2,40 Meter waren. Durch neue Techniken und einen verbesserten Rohstoff übertrafen seine großen Papiermaché-Objekte bei weitem diejenigen, die Ducrest etwa 70 Jahre zuvor zusammengezimmert hatte. Bielefelds leichte und haltbare Papiermaché-Platten wurden auch als Trennwände in Eisenbahnabteilen und auf Schiffen verwendet.

Bielefeld hatte große Pläne für seine Papiermaché-Produktion. Einer seiner Auftraggeber, Mr. Seymor, plante, nach Australien auszuwandern und dort ein Dorf zu bauen. Biele-

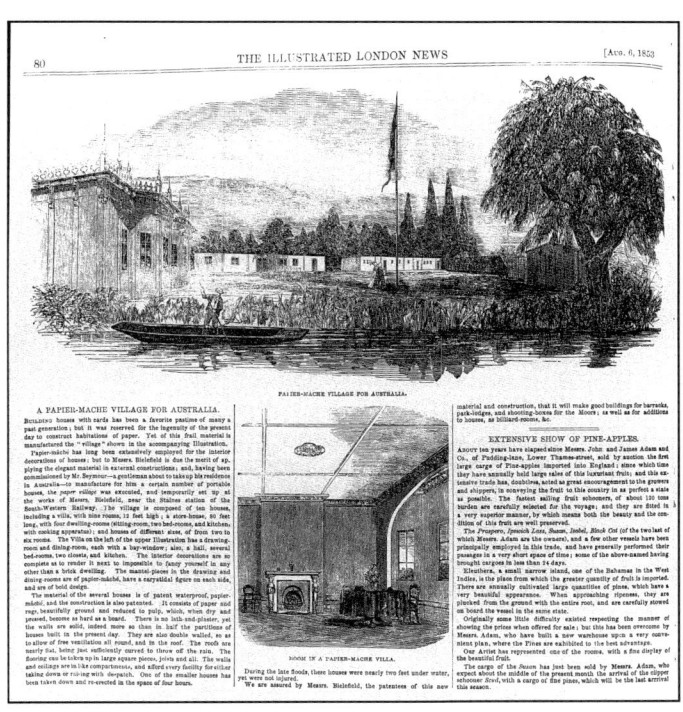

›Pappmâché-Dorf für Australien‹, Abb. aus: The Illustrated London News, 6. 8. 1853

feld erhielt den Auftrag, ein kleines transportables und funktionstüchtiges Dorf aus Papiermaché zu entwerfen, in dem Menschen leben und arbeiten sollten. Diese Siedlung sollte aus zehn vorfabrizierten Gebäuden bestehen. Eine Neun-Zimmer-Villa verfügte über Eßzimmer, eine Eingangshalle, Küche, mehrere Schlafzimmer und zwei Badezimmer. Die anderen Wohnhäuser waren kleiner und von unterschiedlicher Größe mit zwei bis sechs Zimmern. Ihre doppelten Wände bestanden aus dem von Bielefeld patentierten wasserfesten Papierbrei.

Auf seinem Fabrikgelände baute Bielefeld einige der Häuser probeweise auf. Es wird berichtet, daß Arbeiter eines der kleineren Häuser innerhalb von vier Stunden in seine Einzelteile zerlegt und wieder aufgestellt haben. Bei einem starken Regen konnte die Wettertauglichkeit der Häuser praktisch überprüft werden. Trotz des einsetzenden Hochwassers wurden die Musterhäuser nicht beschädigt. Die Idee, ein Dorf aus Papiermaché zu bauen, und ihre Verwirklichung waren so aufregend, daß am 6. August 1853 die *Illustrated London News* von Seymours und Bielefelds Papiersiedlung berichtete.

Lithodipira Co.

In Lambeth bei London ließ sich eine weitere Manufaktur nieder, die sich auf Papiermaché-Baustoffe spezialisierte. Die *Lithodipira Co.* machte sich mit der Herstellung von Kunst-Backsteinen aus Papiermaché einen Namen und belieferte Baustellen in ganz England. Allerdings konnte die *Lithodipira Co.* nicht allein von den Papiersteinen leben und fabrizierte neben Baumaterialien später auch Skulpturen und architektonische Verzierungen sowie ein breites Angebot zur Ausstattung von Landhäusern, wie zum Beispiel Wandkonsolen, Lampenhalter und Spiegelrahmen.

Terrakotta-Imitate und Lackarbeiten

Neben Architekturelementen, Dekorationen und Baumaterialien gab es im 18. Jahrhundert eine Vielzahl verschiedener anderer Papiermaché-Artikel zu kaufen. Das vielseitig verwendbare Material hielt Einzug in fast jedes Haus, sei es als Dekoration, Kunstwerk oder Kunstersatz, Möbel, Nippes, Geschirr oder Spielzeug.

Viele teure Materialien wurden mit Papiermaché imitiert. Diese Imitationen, wie zum Beispiel Keramik und Porzellan, fanden zahlreiche Abnehmer. Wie man dem *Adreßbuch Deutscher Export Firmen* von 1884 entnehmen kann, exportierte die Berliner *Luxuspapierfabrik W. Hagelberg* »imi-

Herzogenloge in der Schloßkirche Ludwigslust. Photo: Olaf Gollnek

Sessel, England, um 1890. Museum für Lackkunst der BASF Lacke + Farben AG, Münster

Dreibeiniger Tisch mit Perlmutt-Einlegearbeiten, England um 1880.
Museum für Lackkunst der BASF Lacke + Farben AG, Münster

›Lakshmi‹, Gemahlin Vishnus und Göttin des Glücks, volkstümliche Plastik, Orissa/Südindien, um 1950. Privatsammlung. Photo: Bildarchiv Hansmann, München

Dinosaurier, drei Tiger von den Philippinen

Schachteln von den Philippinen, Höhe: 20 cm, Breite: 30 cm.
Fa. Ludwig Beck und Radspieler, München. Photos: Thomas Mayfried

Französische Handpuppen, Guignol und Teufel, Ende des 19. Jh. Puppentheatermuseum im Münchner Stadtmuseum. Photo: Bildarchiv Hansmann,
München

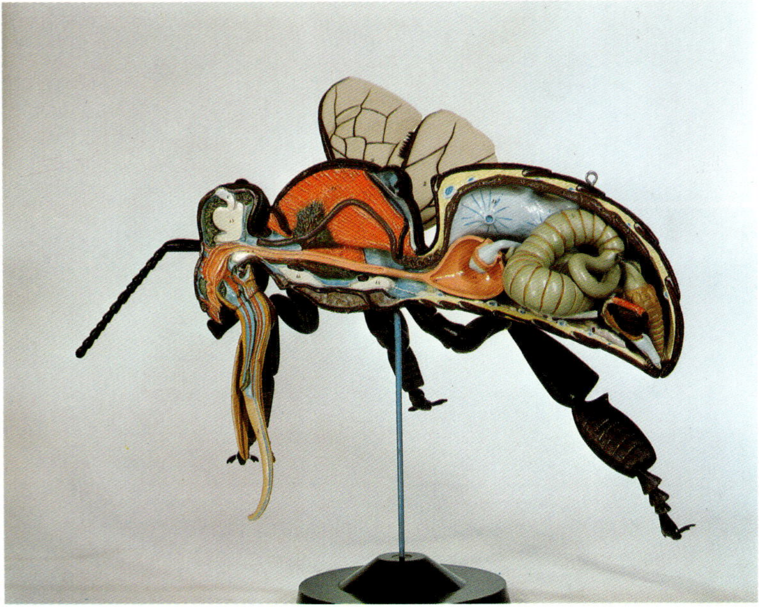

Anatomisches Modell: Biene, SOMSO

Anatomisches Modell: Schaf, SOMSO

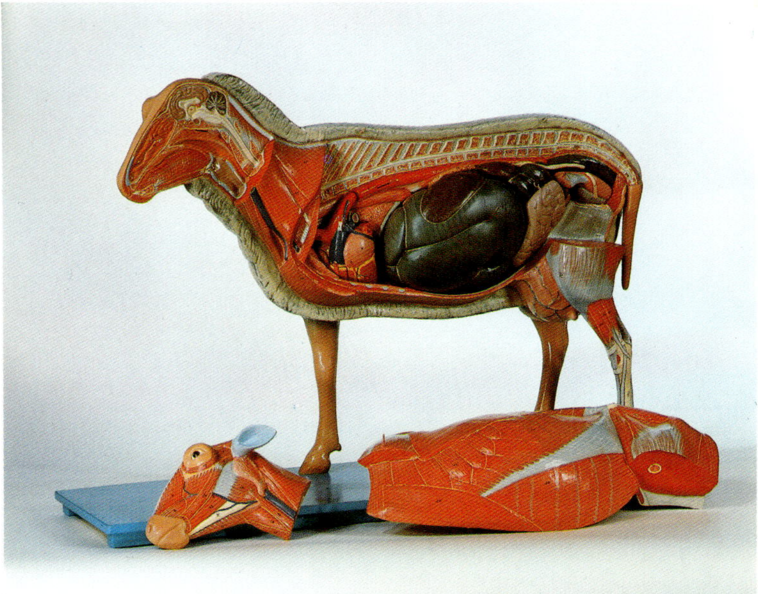

tierte Majolika Wandteller« und die Firma Friedberg bot »Wandbilder als Imitation von Terrakotta« an.

Anders als Holz ›arbeitet‹ Papiermaché nicht. In der Regel entwickelt es bei einer Veränderung der Luftfeuchtigkeit keine Materialspannungen und verzieht sich nicht. Von Temperaturschwankungen weitgehend unbeeinflußt, bleibt die Oberfläche der Papiermaché-Artikel glatt; Risse oder Sprünge, wie sie bei Holzarbeiten vorkommen, treten so gut wie gar nicht auf. Diese Eigenschaften waren die Voraussetzung dafür, daß Papiermaché ein idealer Träger für Lackarbeiten nach asiatischem Vorbild wurde.

Da die Lackbemalung sehr aufwendig und zeitraubend war, bemühte man sich, einen Grundstoff zu wählen, auf dem der Lack möglichst gut zur Geltung kam und lange hielt. Auch wenn ein Werkstück im Ofen großer Hitze und anschließend unterschiedlichen Temperaturen oder Luftfeuchtigkeit ausgesetzt war, sollte es sich nicht verziehen oder verbiegen. Die wenigen Holzarten, die für die Lackmalerei geeignet waren, mußten zuvor langwierigen Trocknungs- und Vorbereitungsprozessen unterzogen werden.

Papiermaché erfüllte die Ansprüche für Lackarbeiten in hohem Maße. Der Rohstoff war billig, überall verfügbar, leicht zu verarbeiten und es waren keine aufwendigen Verarbeitungstechniken erforderlich. So konnte es nicht ausbleiben, daß für die Verfertigung von Lackarbeiten, insbesondere die beliebten Bijouterien, Papiermaché als Trägermaterial entdeckt wurde.

Die Galanteriewaren sollten nicht nur das Auge ansprechen, sondern auch die andere Sinne. Aus Papiermaché ließen sich beliebig eckige oder runde Formen produzieren. Auch wurde es möglich, sehr dünnwandige Objekte mit geringen Gewicht herzustellen, die im Zusammenspiel mit einer kunstvollen Bemalung sensibilisierten Fingerspitzen und Augen gesteigerten Genuß bereiteten. Zu dem besonderen Zusammenspiel der optischen und haptischen Qualitäten der Lackwaren kam ein weiterer wesentlicher Aspekt hinzu: die Bezahlbarkeit dieser kleinen Kunstwerke.

Die feine Pariser Gesellschaft zur Zeit des Louis-Quinze und Louis-Seize war für preiswerte Genüsse dieser Art besonders empfänglich. Von Paris breitete sich die Mode der Lackmalerei auf Papiermaché rasch aus. Die lackierten Papiermaché-Galanteriewaren fanden im Laufe der Jahrhunderte eine breite Käufer- und Sammlergemeinde.

Galanteriewaren und Möbel

Die portugiesischen Kaufleute, die seit Ende des 16. Jahrhunderts aus Japan nicht nur Gewürze, Drogen, Gewebe und Porzellan nach Europa gebracht hatten, sondern auch Lackarbeiten, setzten damit eine Mode in Gang, die bis heute ihre Anhänger hat. Im Laufe des 17. Jahrhunderts begann man in den westlichen Ländern, *Chinoiserien* aus den verschiedensten künstlerischen Bereichen (Malerei, Ornamentik, Kleidung, Architektur etc.) nachzuahmen, eine Bewegung, die im 18. Jahrhundert ihren Höhepunkt erreichte.

Der (adelige) Mann von Welt besaß im 18. Jahrhundert die zum jeweiligen Anlaß und zur gewählten Kleidung passende Schnupftabaksdose. Für das weniger wohlhabende Bürgertum waren edelsteinbesetzte Döschen aus Gold und Silber jedoch unerschwinglich. Da kamen die gerade entdeckten Alternativen zu den wertvollen Accessoires gerade recht. Die Verwendung von Papiermaché in Kombination mit der eben in Europa etablierten Lackmalerei erlaubte es, einen optisch ebenbürtigen, aber wesentlich billigeren Ersatz auf den Markt zu bringen. So wurde die Tabakdose zum beliebtesten lackierten Papiermaché-Artikel im Europa des 18. Jahrhunderts.

Der Name Martin steht in Paris seit 1730 für asiatische Lackkunst. Die vier Brüder Guillaume, Etienne-Simon, Julien le jeune und Robert trugen sich mit ihren vollendeten Lackmalereien in ostasiatischer Manier einen ausgezeichneten Ruf in ganz Europa ein, der sie als angesehene Künstler auch an ausländische Höfe brachte. Die Martins arbeiteten nicht

›Carnet de Bal‹
(Etui für Schreib-
täfelchen), Frank-
reich, um 1760–
1770. Museum für
Lackkunst der
BASF Lacke + Far-
ben AG, Münster

›Occhi-Schiffchen‹
(Garnspulen für
Fingerhäkelarbei-
ten), Frankreich,
um 1850. Museum
für Lackkunst der
BASF Lacke + Far-
ben AG, Münster

nur ständig an der Vervollkommnung der Lackmalerei, sondern auch an der Verbesserung des Papiermaché-Rohlings.
Weil das bis dahin verwendete Papiermaché leicht zerbrök-
kelte und die Herstellung aufwendig war, bemühten sie sich,

eine Technik zu entwickeln, die es erlaubte, größere Mengen von qualitativ besseren Papiermaché-Waren in möglichst kurzer Zeit anzufertigen. Guillaume Martin soll es gewesen sein, der schließlich eine völlig neue Art von Papiermaché erfunden hat.

In Serien gefertigt ließen sich nun verschiedene dünnwandige, aber sehr stabile Hüllen für allerlei kleine Gegenstände wie Schnupftabaksdosen, Nadeletuis oder Nadelbüchsen herstellen. Aus jener Zeit sind zahlreiche Sammlerstücke erhalten, zum Beispiel ein aufwendiges kleines Etui mit Scharnier-Deckel und Schnapp-Verschluß, welches innen einen unterteilten Einsatz aus massivem Gold für ein elfenbeinernes Schreibtäfelchen (um darauf die Reihenfolge der Tanzpartner zu notieren) und eine Schreibfeder enthält, oder ein Behältnis für Garnspulen für die Finger-Häkelarbeit der Damen, ein sogenanntes Occhi-Schiffchen.

In Leim eingeweichte dünne Papierbogen wurden bis zur erforderlichen Dicke aufeinandergeklebt. Solange die Papierlagen noch naß waren, konnten sie in entsprechende Formen gepreßt und im Ofen getrocknet werden. Die Masse wurde so hart wie Holz und konnte wie dieses gehobelt, abgedreht oder gedrechselt werden. Nach sechs Tagen waren die Rohlinge fertig zum Lackieren. Die einzelnen Arbeitsschritte verlangten kaum Vorkenntnisse. Es ist überliefert, daß ein Arbeiter im Akkord mehr als hundert Rohlinge an einem Tag anfertigen konnte.[10] Auf diese Weise ließ sich die Arbeit sinnvoll organisieren und vereinfachen. Die Nachfrage war so groß, daß immer mehr Anbieter in relativ kurzer Zeit lackierte Schachteln aus Papiermaché auf den Markt brachten.

Was dies für das französische Absatzgebiet bedeutete, beschreibt 1772 Jean Felix Watin: »Auf eine ähnliche Weise [...] verfertigte der berühmte königliche Lackierer Martin verschiedene Gefäße und Dosen von Pappe, welche im Jahr 1745 sehr gebräuchlich wurden. Weil die Handgriffe aber nicht schwer waren, so war Paris innerhalb 6 Jahren von Arbeitern in dieser Art gleichsam überschwemmt, die sich gegenseitig schadeten, so daß die Dosen zuletzt fast um nichts verkauft wurden.«

Nachdem der Pariser Markt gesättigt war, konzentrierten sich die Martins auf das europäische Ausland. Dort fanden sie schnell begeisterte Anhänger und Sammler ihrer Lackartikel – aber auch zahlreiche Nachahmer und Konkurrenten.

Papiermaché-Manufakturen in Deutschland

Friedrich II., der Große, König von Preußen (1740 – 1786), war ein leidenschaftlicher Tabakschnupfer und Liebhaber der neuartigen Behältnisse für sein Priem. Von ihm wird erzählt, daß er in jedem Raum seines Palastes eine Schnupftabaksdose aus Papiermaché hatte. Die meisten seiner Dosen kamen von den Brüdern Martin aus Frankreich. Die Ära der Papiermaché-Dose begann in Deutschland erst, und Tabakdosen, die in der Qualität denen der Gebrüder Martin vergleichbar waren, gab es hier noch nicht. Friedrich, der als Anhänger der französischen Kultur galt, hatte schon früh Jean Alexandre Martin kennengelernt und ihn für die Ausstattung seines Rokokoschlosses *Sanssouci* in Potsdam engagiert. Bei diesen Gelegenheiten lernte er auch die kleinen Galanteriewaren der französischen Lackmeister kennen und lieben.

Seine Begeisterung für die Papiermaché-Waren gipfelte schließlich im Jahre 1765 in der Gründung einer eigenen Pappmaché-Fabrik für Galanteriewaren in Berlin. Die dort gefertigten Waren, Tabakdosen, Schachteln, Ostereier, Spiegel und Masken wurden mit glänzender Malerei verziert und nach japanischer Art lackiert – als Vorbilder dienten die importierten asiatischen Lackwaren und die Produkte der Brüder Martin. Ihre zierlichen, leichten Dosen zeigen, bis zu welchem Grad der Vollkommenheit ein an sich ›wertloses‹ Material gebracht werden kann.

Neben den Schnupftabaksdosen aus Papiermaché, die jahrelang ein Verkaufsschlager waren, kamen zunehmend auch

Runde Schnupf-
tabaksdose mit für
die Zeit typischem
Motiv (ein Mönch
schmuggelt seine
Geliebte in das Klo-
ster), Deutschland, um
1820. Museum für Lack-
kunst der BASF Lacke +
Farben AG, Münster

andere gelackte Papiermaché-Artikel auf den Markt, zum
Beispiel Tabletts oder Schachteln und lackierte Stöcke, wie
sie König Friedrich Wilhelm I. für seine Armee eingeführt
hatte.

Gebrüder Eberlein

Hauptlieferanten für Stöcke waren die Brüder Eberlein. 1756
nutzten Johann Christoph und Andreas Eberlein aus
Ansbach ihre »erlernte laquir Kunst«, um ein eigenes Unternehmen zu gründen. Bereits zwei Jahre später beschäftigten
sie in dieser neuartigen Lackwarenfabrik vierzehn Personen
als Maler, Drechsler und Schlosser. Es wurden in der Fabrik
sowohl die Papiermaché-Rohlinge gefertigt als auch die
Lackmalereien ausgeführt. Es ergab sich aber, daß die von
ihnen ausgebildeten Maler, sobald sie genügend Fertigkeiten
erlangt hatten, den Eberleins kündigten, um sich selbständig
zu machen. Um sich gegen die unliebsame Konkurrenz zu
schützen, ersuchten die Brüder Eberlein bei der fürstlichen
Regierung am 12. Februar 1757 um ein Privileg zum Schutz

ihres Betriebes nach, welches auch erteilt wurde. Hiermit wurde die lästige Konkurrenz zunächst einmal untersagt. Eine Abschrift dieses Schreibens wurde der Stadt Ansbach zur Stellungnahme zugeleitet.

Aus ihrem Gesuch geht recht ausführlich hervor, welche Papiermaché-Artikel die Eberleins Mitte des 18. Jahrhunderts fabrizierten: »Einen Vorrath von Caffe und Spiel Tischen Zucker und Puder Schachteln, Rauch und Schnupf Toback Dosen, Toillettes und andere Oeconomierstücke von Pappier Mache mit lebendigen Farben gemahlt [...] welch sämtl. Waaren von verschiedenen Land-Crämern bereits in entlegene Länder verführet, mithin dieses Fabrique schon in auswarttigen Renomée stehet.«

Die Waren der Brüder Eberlein genossen tatsächlich großes Renommee und waren wegen ihrer ausgezeichneten Lackqualität weit über Ansbach hinaus bekannt. Es gab sogar Zeiten, in denen die Eberleins Mühe hatten, der Nachfrage gerecht zu werden.

Heinrich Stobwasser und Jean Guerin

Im Auftrage der Brüder Eberlein verkaufte Georg Siegmund Stobwasser aus Lobenstein im Voigtland als Hausierer deren Lackwaren. Sein Sohn Johann Heinrich begleitete ihn auf seinen Reisen und lernte so die Lackwaren kennen. Diese faszinierten ihn so sehr, daß er, kaum 23 Jahre alt, im Jahre 1763 unter der Schirmherrschaft des Herzogs von Braunschweig dort eine eigene Manufaktur zur Lackwarenherstellung gründete. Die *Stobwassersche Lackwarenfabrik* errang im Laufe der Zeit einen so guten Namen, daß ihre Produkte heute noch beliebte und begehrte Sammlerobjekte sind.

Heinrich Stobwasser produzierte, ebenso wie die Eberleins, verschiedene Galanteriewaren, Papiermaché-Becher und Schnupftabaksdosen. Vater Georg Siegmund hatte während seiner Hausierertätigkeit viele Kundenkontakte ausgebaut und wertvolle Erfahrungen auf den sächsischen und süddeutschen Märkten gesammelt. Er belieferte weiterhin seine alten Kunden, die Offiziere und Soldaten, – jetzt aber mit den Papiermaché-Artikeln seines Sohnes.

1764, bereits ein Jahr nach ihrem Beginn, umfaßte die Produktion des Stobwasserschen Familienbetriebes Tabakdosen, Trinkbecher, Teetassen, Krüge, Kaffeebecher und Stöcke. Später kamen Kästchen, Leuchter, Tische, Körbe, Teller, Schmuck- und Filetkästen, Zigarrenetuis, Zucker-, Pomade- und Puderdosen, Pfeifenköpfe, Tabletts sowie Stockknäufe hinzu. Auch astronomische Modelle, die den Umlauf der Erde und des Mondes und den Gang der Wandelsterne demonstrierten, wurden aus Papiermaché hergestellt. Stobwasser produzierte auch für den Hof; auf Bestellung fertigte er für den Herzog einen Kaffeetisch und für den preußischen König eine Schatulle an.

Der größte Teil der Lackartikel aus der Stobwasserschen Manufaktur bestand aus Papiermaché-Brei, der in Holzmodeln geformt und gepreßt wurde. Diese Papiermaché-Artikel überzog Stobwasser mit einem selbstentwickelten strapazierfähigen Lack, der so robust war, daß viele der bis heute erhaltenen Lackwaren aussehen, als seien sie erst kürzlich hergestellt und nie benutzt worden. Seine Artikel waren nicht nur wegen der Qualität und des hohen Gebrauchswertes begehrt, sondern auch wegen ihrer außergewöhnlichen künstlerischen Bemalung.

Im Laufe der Zeit entwickelten sich in der Stobwasserschen Manufaktur zwei unterschiedliche Arten der Papiermaché-Herstellung: Alle frühen Papiermaché-Artikel sowie die Leuchter und Pfeifenköpfe sind aus Papierbrei hergestellt. Die so hergestellten Papiermaché-Artikel hatten den Nachteil, daß sie nicht sehr stabil waren und relativ leicht zerbröckelten. Später griff Stobwasser das zuvor schon in Frankreich bekannte Verfahren auf, Papiermaché lagenweise herzustellen. Sein Schwager Guérin, der 1772 in das Geschäft eintrat, weihte ihn in die Geheimnisse der französischen Papiermaché-Herstellung ein. Zur Anfertigung der täglich benutzten Tabakdosen zum Beispiel wurde nun eine andere Art von Papiermaché benutzt: Sechzig bis siebzig

Stobwasser-Manufaktur, zwei Tabakdosen, Braunschweig. Tabakhistorische Sammlung Reemtsma, Hamburg

Bogen von dünnem, in Leim aufgeweichtem Papier wurden hierfür aufeinandergelegt, in nassem Zustand mit Hilfe eines Holzmodels in Form gepreßt und im Ofen getrocknet. Anschließend konnte die Masse wie Holz gehobelt, abgedreht und gedrechselt werden. Nach sechs Tagen begann man mit der aufwendigen Lackierung.

In Braunschweig gab es immer mehr Nachahmer der gelackten Papiermaché-Waren. Stobwasser versuchte diese Konkurrenz auszuschalten. 1769 erhielt er vom Herzog zum Schutz gegen Wettbewerber eine Art Privileg für lackierte Tische, Tischgestelle, Kaffeebretter, Präsentierteller, Spielund andere Kästchen, Dosen, Becher, Tassen und Toiletten. Dies verhinderte allerdings nicht, daß sich außerhalb des

Landes Konkurrenzfirmen entwickelten. Man gestattete Stobwasser das Aushängen eines Fabrikzeichens: Er wählte hierfür eine drei Meter lange Tabakspfeife. Seit 1775 produzierte Stobwasser lackierte Imitationen von Meerschaumpfeifen aus Papiermaché, die *Braunschweiger Pfeifenköpfe,* welche er bis in die Türkei exportierte.

Das Besondere an Stobwassers Unternehmen war, daß es in vorbildlicher Weise künstlerische, organisatorische und wirtschaftliche Fähigkeiten vereinte. Mit wachsender Produktion entwickelte sich ein Vertriebssystem für die zahlreichen Papiermaché-Artikel. Das Absatzgebiet reichte über Deutschland hinaus bis nach Ungarn, in die Türkei und nach Riga. Bis zu seinem Tode 1776 kümmerte sich der Vater, Georg Siegmund Stobwasser, um den Verkauf. Die Waren bot er nicht mehr einfach nur auf Märkten und Messen feil, sondern er nahm für Weiterverkauf und die Akquisition Kontakte zu Handlungsreisenden und Vertriebsfirmen auf.[11]

Die Stobwasser-Manufaktur bestand bis zur Mitte des 19. Jahrhunderts, als die Nachfrage nach derartigen Artikeln infolge der sich wandelnden Mode und der beginnenden Industrialisierung rapide zurückging.

Zollschwierigkeiten hatten Stobwasser im Jahre 1772 veranlaßt, eine Filiale in Berlin zu errichten. Die Leitung übertrug er seinem Schwager Jean Guérin. Guérin kam aus einem verwandten Berufszweig; er hatte in Frankreich das Tischlerhandwerk erlernt. Als Hugenotte war er, um in seinem Heimatland Verfolgungen zu entgehen, emigriert und in die Braunschweiger Armee eingetreten; dort hatte er die Schwester Stobwassers kennengelernt.

Die Berliner Filiale florierte. 1773 erhielt Guérin in Berlin die erweiterte Konzession, nach »englischer Art auf Papiermaché petit volume als Tische, Consoles, Spiegelrahmen, Toilettes, Tabatiers und dergleichen in Lack zu malen [...].« Schließlich bekleidete er die Stellung des zweiten Hoflackierers.

Für das Stobwasser-Unternehmen bedeutete die Mitarbeit Guérins einen großen Fortschritt: Er war es, der das Verfahren einführte, aus übereinandergeklebten Papierlagen haltbare Papiermaché-Waren zu fertigen. Damit machte er die Stobwassersche Manufaktur gegenüber den bis dahin als unübertrefflich geltenden Papiermaché-Produzenten aus Birmingham und Paris konkurrenzfähig.

Um die Arbeit der königlichen Lackierer in Berlin gegen importierte Waren zu schützen, wurde durch allerhöchsten Erlaß vom 25. Mai 1782 ein Zoll von 25 Prozent auf alle »fremde lackierte Waren, aus Eisen, Blech, Holz und Papiermaché, von welcher Figur und Benennung selbige seyn mögen« gelegt.

J. E. A. Weinzieher

Ein Braunschweiger Konkurrent aus den Anfangszeiten der Papiermaché-Lackierung war Johann Ernst Abraham Weinzieher. Er hatte sich aus dem thüringischen Saalburg kommend, im Frühjahr 1763 in Braunschweig niedergelassen. Weinzieher war bereits Papiermaché-Produzent und Händler gewesen und konnte zur Zeit seines Umzugs auf langjährige Erfahrungen zurückblicken. Weil er nach eigenen Angaben bis dahin achtzehn Jahre lang auf der Braunschweiger Messe »laquirte Papbie [Pappbrei], Tobacks Dosen und Stöcke feilgeboten« hatte [12], erhielt auch er von Herzog Karl I. (1735 – 1786) eine Konzession für seine Produktion.

Papiermaché-Manufakturen in England

In England lernte man Papiermaché zunehmend nicht nur als Baumaterial kennen, sondern verarbeitete es immer häufiger zu Gebrauchsartikeln. Als Mitte des 16. Jahrhunderts die ersten Pakete mit Tee England über die Niederlande erreichten, galt dieses exotische Getränk als etwas ganz Exklusives. Es blieb auf der Insel zunächst, ebenso wie die dazugehörige Teezeremonie, einigen wohlhabenden Bür-

Flakonbehälter,
England, 1. Hälfte
des 18. Jh.
Museum für Lack-
kunst der BASF
Lacke + Farben
AG, Münster

gern vorbehalten. Dies lag nicht zuletzt an den hohen Preisen
für die Zutaten und das Geschirr, welche bei einer solchen
Zeremonie gebraucht wurden.

Hier konnte Papiermaché Abhilfe schaffen. Als preiswer-
tes und billiges Teezeremonie-Zubehör aus Papiermaché
angeboten wurde, veränderte dies das Land. Teetrinken
wurde modern, und die Zahl der Teefreunde wuchs rapide.
Die Englisch-Ostindische Gesellschaft konnte ihren Umsatz
mit Tee Jahr für Jahr enorm steigern. Der gepflegte ›Five
o'clock tea‹ zog in viele Haushalte ein, gehörte von nun ab
zum guten Ton, ebenso wie die passenden Tabletts und die
Teeservices aus Papiermaché. Die englischen Papiermaché-
Hersteller brachten unzählige verschiedene Teeaccessoires
heraus, und jeden Monat kamen neue Formen und Dekorationen hinzu. Neben Tabletts wurden auch dekorative
Schachteln, Dosen und andere aufwendig verzierte Gebrauchsgegenstände in Papiermaché hergestellt.

Sie waren fast alle in japanischer Manier lackiert. Der Einfluß der japanischen Lackimporte machte sich nicht nur in

der Dekorationsweise, sondern auch in der Formgebung bemerkbar.

Erhalten ist zum Beispiel ein Flakon-Behälter mit silbergefaßter Unterteilung für zwei Parfumflakons, zwei Schreibfedern und ein elfenbeinernes Schreibtäfelchen, bemalt mit einer Jagdszene, innen ausstaffiert mit lachsfarbenem Samt. Des weiteren befindet sich in der Sammlung des BASF-Lacke + Farben-Museums ein etwas jüngerer englischer Kaminbesen (etwa 62 cm lang), schwarz und gold mit floralen Ornamenten bemalt.

Birmingham entwickelte sich zum Zentrum der englischen Papiermaché-Herstellung. Ab der Mitte des 18. Jahrhunderts schossen Lackierereien und die Papiermaché-Manufakturen, die die Rohlinge lieferten, wie Pilze aus dem Boden.

Die gutgehenden Betriebe, in denen die Eigentümer sich durch handwerkliches Können und individuellen künstlerischen Geschmack auszeichneten, wurden mit wachsendem Umsatz von geschäftstüchtigen Fabrikanten abgelöst, denen es weniger um die künstlerische Qualität, als um die massenhafte Vermarktung der Waren ging. Die Qualität ließ zugunsten der Quantität immer mehr nach.

John Baskerville

John Baskerville (1706 – 1775), ursprünglich Steinschneider und Schriftkünstler, war als Außenseiter aufgrund seines besonderen Interesses an neuen Materialien zum Papiermaché gekommen. Als Fabrikant von lackierten Blechwaren war er sehr erfolgreich gewesen und beabsichtigte nun, billigere alternative Rohstoffe für seine lackierten Waren zu fin-

Kaminbesen, England, um 1850. Museum für Lackkunst der BASF Lacke + Farben AG, Münster

Tablett, England, um 1845. Museum für Lackkunst der BASF Lacke + Farben AG, Münster

den. Unter anderem beschäftigte sich Baskerville bei seinen Experimenten auch mit Papier in den unterschiedlichsten Varianten und Zusammensetzungen. Schließlich entdeckte er, wie er aus Papier ebensolche Artikel herstellen konnte, wie er sie zuvor aus Blech gefertigt hatte. Möglicherweise dienten ihm französische Papiermaché-Artikel als Vorbilder.

Um die Mitte des Jahrhunderts stieg Baskerville mit seiner Lack-Produktion von gewalztem Blech auf Papiermaché um. Laut dem Bericht des Samuel Derrick[13], der ihn besucht hat, produzierte Baskerville bereits 1760 allerlei kleinere Haushaltsgeräte wie Kerzenhalter, Tabletts, Brotkörbchen, Ständer für Tee-Utensilien etc. aus Papiermaché, die sich durch vorzügliche Werkstoff- und Verarbeitungsqualität auszeichneten.

Berühmt und bekannt geworden sind in England Baskervilles kunstvoll lackierte Serviertabletts. In den letzten zwanzig Jahren des 18. Jahrhunderts gab es in England einen riesigen Markt für Papiermaché-Tabletts. Weltweit gibt es noch heute eine große Anzahl von Kunstgewerbe-Freunden, die Baskerville-Lackwaren, insbesondere aber die wunderschönen Tabletts, sammeln.

Einige von Baskervilles Lehrlingen und Mitarbeitern, die sich bei ihm auf Papiermaché spezialisiert hatten, eröffneten später eigene Betriebe und machten sich ihrerseits einen Namen auf dem Gebiet der Papiermaché-Herstellung und -Erfindung. Als sehr kreative und umtriebige Konkurrenten traten unter anderen John Taylor und Henry Clay hervor.

John Taylor

John Taylor, war einer der ersten Lehrlinge Baskervilles, der sich mit der Papiermaché-Lackmanufaktur selbständig machte. In den Anfängen der industriellen Revolution gelang es Taylor Passion und Profession geschäftstüchtig zu verbinden. Er widmete sich um 1760 der Entwicklung von ansehnlichen, haltbaren Knöpfen aus Papiermaché und arbeitete verbissen an der Verbesserung der Lackierung seiner Waren. Wie auch alle anderen Lackierer, umgab er sein Gewerbe mit Geheimnissen. Eigenbrödlerisch schloß er sich bei der Arbeit in seiner Werkstatt ein. Keine seiner Rezepturen ist je bekannt geworden.

Henry Clay

Auch Henry Clay (ca. 1750 – 1812) war von der Arbeit mit Papiermaché fasziniert. Nach seiner Lehre bei Baskerville arbeitete er ab 1770 selbständig an der Entwicklung neuer Papiermaché-Herstellungs- und Verarbeitungsverfahren. Im November 1772 überraschte er den Markt mit einer neuen bahnbrechenden Erfindung: Er hatte ein Verfahren entwickelt, aus Papiermaché Möbel in einer bislang nicht gekannten Qualität und Festigkeit herzustellen.

Er legte dünne Schichten Papier und Pappen aufeinander und bestrich jede Lage mit feuchtem Klebstoff; danach wurden die Schichten fest zusammengepreßt. Der neue Werkstoff war wasserfest und hitzebeständig und sehr gut für die Weiterverarbeitung geeignet. Als Rohstoff für die Herstellung dieser Papiermaché-Platten wurde fast ausschließlich Papier aus Baumwolle verarbeitet – der Leim bestand aus einer Mischung von Leim, Harz und Mehl. Die getrockneten dicken Papiermaché-Scheiben ließen sich nicht nur wie Holz bearbeiten, sondern man konnte sie in noch feuchtem Zustand auch in nahezu jede beliebige Form pressen. Clay sägte einzelne Tafeln zurecht und verfugte diese in der aus der Tischlerei bekannten Schwalbenschwanz-Technik, um leichte und haltbare Werkstücke zu fertigen. Er ließ seine Erfindung am 20. November 1772 zum Schutz vor Nachahmern patentieren. Ab etwa 1793 konnte Clay nach einigen Fehlschlägen in seiner Manufaktur funktionstüchtige und formschöne Papiermaché-Möbel herstellen.

Viele seiner großformatigen Gegenstände wurden aus Papierplatten gebaut. Bei kleineren Teilen wurden »Formen stark genug mit Papier ausgelegt [...] an den Rändern abgeschnitten, aus der Form genommen, in Öl getunkt und anschließend im Ofen getrocknet.« Auf diese Weise konnte jede beliebige Form hergestellt werden. Die meisten von Clays Möbeln waren in ostasiatischer Manier lackiert.

Für Königin Charlotte fertigte Clay eine lackierte Sänfte aus seinem neuartigen Papiermaché und verschiedene Tische an. Ihm wurde schließlich die Ehre zuteil, für König Georg III. und den Prinzen von Wales zu arbeiten. Die königliche Familie war mit seiner Arbeit sehr zufrieden und ernannte ihn zum Hoflieferanten; von da an trug er die königliche Krone auf seinem Emblem.

Clay produzierte auch Papiermaché-Knöpfe. Er verwendete dafür sein neues Schichtverfahren. Die vielen unterschiedlichen Papiermaché-Knöpfe, die er schon zwei Jahre später anbot, galten als besonders haltbar und formschön. 1774 erhielt er ein Patent, Papiermaché-Knöpfe herzustellen. Er arbeitete weiterhin an der Verbesserung dieser Kurzware und ließ 1786 ein Verfahren patentieren, bei dem er Papiermaché-Knöpfe mit Perlmutt verzierte.

Small & Son

Im Jahre 1802 übernahm eine Firma mit dem Namen Small & Son die alte Fabrik von Clay. Die neuen Besitzer eroberten einen weiteren Markt für Papiermaché: Zusätzlich zu den verzierten Dekorationsgegenständen boten sie nun auch Papiermaché-Rohwaren an. Zum Beispiel wurden undekorierte, nicht behandelte Tabletts in großen Mengen an weiterverarbeitende Betriebe abgegeben. So entstanden nun Firmen, die sich ausschließlich auf Lackarbeiten spezialisierten. Man kaufte Papiermaché-Rohwaren, verzierte sie, versah sie sogar mit dem Firmennamen und verkaufte die fertigen Gegenstände als eigene Produkte.

Papiermaché-Möbel von Jennes & Bettridge

Möbel aus Papiermaché gehören zu den erfolgreichsten Produkten unter all den ausgefallenen papiernen Erfindungen der vergangenen zwei Jahrhunderte. Papiermaché wurde für die Herstellung von dekorativen Tischen, Stühlen, Betten, Schränken, Uhren und sogar probeweise für Musikinstrumente verwendet.

Das Papiermaché selbst war entweder vergoldet oder mit Japanlack überzogen. Anschließend wurde es mit Perlmutt-Einlegearbeiten verziert oder mit naturalistisch gemalten Blumen und Landschaften oder schablonierten Goldmustern bemalt.

Kinderwagen aus
Papiermaché,
England um 1875

Papiermaché-Möbel sind bis zu Beginn des 20. Jahrhunderts meist im Stil des Neorokoko gefertigt worden. Mit dem Rohstoff Papiermaché konnte man die vielen schwungvollen Kurven und zierlichen Ornamente anmutig gestalten. Selten gab es komplette papierne Zimmereinrichtungen, doch Einzelteile wie zum Beispiel Stühle, Buffets, leichte Beistelltische, Aufsätze oder Ofenschirme fanden sich in fast allen eleganteren Häusern. Auch für Kindermöbel verwendete man Papier. Das geringe Gewicht und die Haltbarkeit waren für die Käufer überzeugende Argumente. In England kam 1875 sogar ein regenfester Kinderwagen aus Papiermaché auf den Markt.

Im Jahr 1816, nach Clays Tod, übernahmen Aaron Jennens und T. H. Bettridge die alte Manufaktur von *Small & Son*. Mittlerweile hatte man sich dort immer stärker auf großformatige Möbel – sogar Betten – aus Papiermaché spezialisiert.

Mit ihren Papiermaché-Artikeln traf man *Jennens & Bettridge* auf vielen europäischen Messen, bei denen sich zahlreiche Auslandsaufträge ergaben. Sie machten mit ihren interessanten Papiermaché-Artikeln nicht nur in England von sich reden, sondern erhielten auch Aufträge aus Indien, Amerika und Bestellungen der spanischen Königin. 1851/52 richteten *Jennens & Bettridge* in New York in der Pearl Street 218 einen eigenen Ausstellungsraum ein.

Die für den Massenbedarf hergestellten Möbel bestanden nicht aus schichtweise übereinandergeleimten Papiermaché-Platten. Hier wurde ein anderes Herstellungsverfahren angewendet, welches zwar deutlich billiger war, aber bei weitem nicht so gute Ergebnisse brachte. Diese Version der Papiermaché-Waren bestand aus gepreßtem Papier. Mit Hilfe einer hydraulischen Presse wurde Papierbrei unter starkem Druck zwischen zwei Modeln zusammengepreßt, in Form gebracht und anschließend dekoriert.

Nicht alle Papiermaché-Möbel von *Jennens & Bettridge* waren auf dem Markt erfolgreich. Neben dem Preis, der Haltbarkeit und Schönheit spielte auch die Gebrauchsfähigkeit eines Objektes eine Rolle. Ein im Jahre 1867 in Paris ausgestellter Flügel, dessen Gehäuse aus Papiermaché war, fand keinen Anklang bei den Musikliebhabern, hatte er selbst doch keine ausreichend gute Resonanz. Auch die Versuche, den Korpus aus akustischen Gründen mit Holz auszukleiden, führten zu keinem zufriedenstellendem Ergebnis. Soweit bekannt ist, wurde nicht ein einziger Papiermaché-Flügel verkauft.

Papiermaché-Produkte in Amerika

Die ersten Papiermaché-Waren, die in Amerika auftauchten, waren importiert und kamen wahrscheinlich von *Jennens & Bettridge* oder aus anderen englischen Papiermaché-Manufakturen.

Auch hier zählte der Schein mehr als das Sein. Das Interesse an billigen Architektur-Imitaten aus Papiermaché breitete sich auch in den amerikanischen betuchten Kreisen aus. Auch die weiten Wege, die die leichte Ware per Schiff aus England zurücklegen mußte, scheute man nicht. Selbst der Präsident ließ sich nicht abhalten, anstatt echten Stuck zu ordern, Papiermaché-Imitate zur Verschönerung seiner Wohnräume aus England zu bestellen. Wir wissen, daß George Washington und seine Frau Martha für ihr Haus in Mount Vernon Papiermaché-Stuckornamente aus London kommen ließen.

Erst als englische Papiermaché-Handwerker nach Amerika einwanderten und sich dort niederließen, wurden auch in Amerika zunehmend Papiermaché-Manufakturen eingerichtet. In einer Anzeige aus dem Jahr 1771 wirbt John Keatin in dem *New York General Advertiser* für sein Handwerk. Er weist darauf hin, daß er der erste Papierfabrikant sei, der sowohl Papier als auch Papiermaché herstelle. Viele Nachahmer und Konkurrenten folgten dem Beispiel Keatins, so daß die gestiegene Nachfrage immer häufiger auch mit einheimischen Produkten aus Papiermaché befriedigt werden konnte.

American Papiermaché Manufacturing

Die amerikanischen Papiermaché-Hersteller beschränkten sich nicht nur auf die Reproduktion der schon bekannten europäischen Waren, sondern erweiterten ihr Angebot um zahlreiche praktische und billige Alltagsgegenstände. Die *American Papiermaché Manufacturing Company* in Cuenpoint brachte neben den bekannten Gebrauchsgegenständen zur Jahrhundertwende unter anderem Wassereimer, Waschbecken, Milchschüsseln, Blumenvasen, Fidibusbecher, Spucknäpfe usw. in den Handel.

Litchfield Company

Am 28. August 1851 berichtet die *New York Evening Post*: »Die Verfertigung des Papiermachés wird vornehmlich im Staate Connecticut ausgeübt. Eine in Litchfield ansässige Fabrik hat sich diesem Gewerbe verschrieben, und die Waldhams-Manufaktur in Wolcottville stellt eine Vielzahl von solcherart Produkten her – vom Piano-Gehäuse bis hin zum Nähkästchen.«

Bereits ein Jahr zuvor war die *Litchfield-Company* am Ufer des Flusses Bantam in Litchfield/Connecticut (USA) gegründet worden. Begonnen hat man dort mit der Imitation kleiner Papiermaché-Objekte, wie sie zu dieser Zeit auch in England und Frankreich bekannt waren: Lackierte Handschuhkästen, Dosen und Schachteln waren Vorbild für die Litchfielder Produktion.

Aber die Litchfield-Manufaktur ließ sich auch von der einheimischen Industrie in Connecticut beeinflussen und ging, was das Spektrum der Papiermaché-Waren anging, bald eigene Wege. Connecticut war für seine Uhrenherstellung bekannt. Also fertigte die *Litchfield-Company* für die Nachbarindustrie Uhrenkästen aus Papiermaché an – und dies mit einigem Erfolg. Später entschloß sich die Firma, nicht nur die Gehäuse, sondern auch das Innenleben der Uhren selbst zu produzieren. Diese Uhren verkauften sich sehr gut. Ab 1851 wurden von der *Litchfield-Company* ausschließlich Uhren

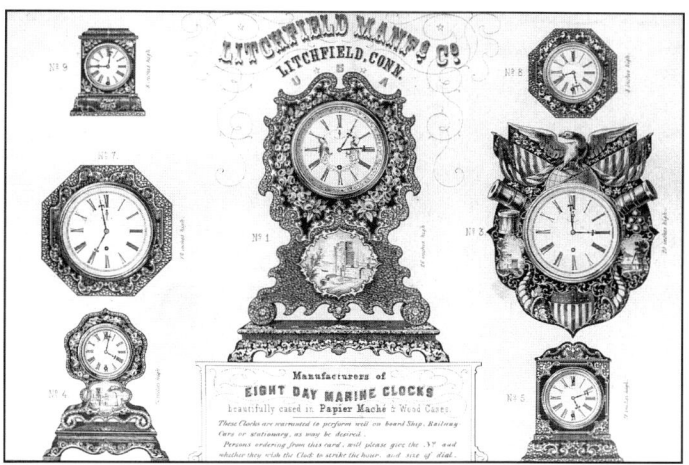

Anzeige der Litchfield Manufacturing Company für Uhren aus Papiermaché, Connecticut, um 1854. Litchfield Historical Society, Litchfield, Connecticut

mit Papiermaché-Gehäusen fabriziert. Im Dezember desselben Jahres stellte die Manufaktur täglich 55 Uhren her. Die Modelle unterschieden sich in Größe, Aufmachung und im Preis, wie aus einem Katalog ersichtlich ist, der auch als Anzeige erschien.

Bei der Weltausstellung 1854 in New York war die *Litchfield-Company* der einzige Anbieter von Papiermaché-Uhren, die bei diesem Anlaß als »die besten Stücke der ganzen Ausstellung« prämiert wurden[14]. Diesen Erfolg erzielte die Firma auf dem Höhepunkt ihrer Produktivität – anschließend sank die Nachfrage so rapide, daß auch alle Ehrungen sie nicht vor dem wirtschaftlichen Zusammenbruch bewahren konnten.

Waldham Manufacturing Company

In Wolcottville (jetzt Torrington), nicht weit von Litchfield, siedelte sich die *Waldham Manufacturing Company* an.

Ebenso wie die *Litchfield-Company* verarbeitete sie Papier-maché; die Angebotspalette überschnitt sich aber nicht. Die Firma Waldham spezialisierte sich von 1851 bis 1863 auf Schreibtische, Schachbretter, Nähkästen, Treppenstangen und ähnliches. Als sich die Ära der Papiermaché-Galanterie-waren gegen Ende des 19. Jahrhunderts ihrem Ende zuneigte, mußte auch Waldham seine Produktion einstellen.

Papiermaché-Waren in Rußland

In Rußland entfaltete sich die Herstellung von Papiermaché-Artikeln zu einer hochentwickelten Industrie. Die russi-schen Papiermaché-Produkte sind durchaus mit den Waren aus der Braunschweiger und englischen Manufaktur zu ver-gleichen. Auch die russischen Papiermaché-Produzenten nahmen sich orientalische und westliche Lack-Objekte zum Vorbild. Ebenso wie im Westen waren zunächst Adelige, später die bürgerlichen Schichten an den dekorativen, lak-kierten Papiermaché-Gegenständen interessiert.

1798 gründete Pavel Ivanovitch Korobov auf seinem Gut Danilkovo bei Fedoskino nahe Moskau eine Fabrik für lak-kierte Papiermaché-Waren. Korobov hatte auf einer Deutschlandreise die *Stobwassersche Manufaktur* besucht und sich von deren Produktion inspirieren lassen. Für den Aufbau seiner Werkstatt warb er aus Braunschweig Arbeiter ab, die die russischen Kollegen in die neuartige Technik ein-führten. Meist waren es erfahrene Ikonenmaler, die sich auf das neue Material einließen und wahre Meisterwerke aus Papier und Lackfarben fabrizierten.

Der Erfolg blieb nicht aus, und die Manufaktur entwik-kelte sich zur größten russischen Lackwerkstatt. Beliebtester Artikel war auch hier die lackierte Tabakdose, die schon wegen ihres Preises eine attraktive Alternative zu den mit Email oder Edelsteinen verzierten Golddosen bot. Neben Tabakdosen verließen unter anderem lackierte Streichholz-schachteln, Teebüchsen, Zigarettenetuis, Teetassen und

Handarbeitskörbchen die Manufaktur. Später als die Nachfrage nach Tabakdosen sank, konzentrierte sich die Produktion zunehmend auf die Fertigung von Albendeckeln, Toilettenkästen, Gelddosen und kostbar gestalteten Ostereiern.

Nach Korobovs Tod im Jahre 1824 übernahm sein Schwiegersohn P. W. Lukutin die Fabrik, unter dessen Namen die Manufaktur bis 1902 weiterbestand. 1867 wurden die russischen Lackdosen auf der Pariser Weltausstellung mit Erfolg präsentiert. Das Unternehmen florierte. Fest angestellt waren drei Drechsler und vier Maler, die pro Jahr bis zu 4800 Dosen herstellten. Die Lackmanufaktur erlebte gegen Ende des 19. Jahrhunderts in Rußland ihre Blütezeit. Schließlich produzierten etwa 60 Mitarbeiter mehr als 600 verschiedene Artikel.

Während im Westen Europas mit der Industrialisierung die Lackkunst für immer verschwand, wurde sie in der Sowjetunion nach den Revolutionswirren nicht nur wiederbelebt, sondern erfuhr eine neue Blüte, die bis heute andauert. Bald nach 1917 hatten sich in Fedoskino, dem Stammsitz der Lukutins, ehemalige Mitarbeiter der Fabrik wieder zusammengeschlossen, um nun als Genossenschaft unter staatlicher Kontrolle die Produktion von lackierten Papiermaché-Dosen aufzunehmen. Den naturalistischen Stil in der Malerei und die traditionelle Arbeitsweise entwickelten sie weiter. Zu den bäuerlichen Sujets kamen aus der Phantasie geschaffene Landschaften im Wechsel der Jahreszeiten, aber auch Darstellungen historischer Bauwerke. 1924 entdeckte man ein weiteres Sujet: Unter der Leitung von Iwan Golikow aus Palekh machten sich Ikonenmaler in Fedoskino mit der Lackmalerei und mit der Herstellung von Papiermaché vertraut, um ihre religiösen Motive auf diesem Untergrund zu malen – mit großer Resonanz bei den Käufern.

Die sowjetischen Lackwaren zeichnen sich bis heute durch vorzügliche handwerkliche Verarbeitung und ein farbenfrohes, lebendiges Dekor aus. In jedem russischen Touristengeschäft findet sich bis heute eine ganze Reihe verschiedener lackierter Papiermaché-Artikel.

Knöpfe aus Lüdenscheid

Die Erfindungslust in Sachen Papiermaché war ungebremst. Ein »findiger Amerikaner [habe] Manilla-Strohhüte nachgeahmt, indem er einen derartigen Hut mittels galvanischen Stroms in Kupfer abformte, also ein naturgetreues Modell schuf und dieses als Form für Papiermasse benutzte«, schreibt Louis Edgar Andés, der in seinem Buch viele kuriose Erläuterungen und Rezepturen wiedergibt. So ist dort der Bau einer Schlittschuhbahn aus Papiermaché ebenso beschrieben wie die Herstellung von Fässern, Särgen, Wasserfahrzeugen, Spazierstöcken, Hufbeschlägen und Eisenbahnrädern aus diesem Material.

Knöpfe aus Papiermaché fühlen sich ganz anders an, als solche aus Holz, Perlmutt oder Metall. Als Papiermaché in Deutschland Einzug in die Knopffabrikation hielt, war der Hauptgrund hierfür der günstige Rohstoffpreis. Ob dieses Argument aber auch die anspruchsvollen Kundinnen überzeugte, sollte sich später erweisen. Im Jahre 1844, als die beiden cleveren Fabrikanten *Schmitz & Kolbe* eine Knopffabrik in Lüdenscheid gründeten, galt dies als mutiges Unternehmen. Als »die erste in den preußischen Landen«[15], war diese Papiermaché-Knopffabrik zunächst sehr erfolgreich und beschäftigte schon recht bald viele Arbeiter. In kurzer Zeit kamen allein in Lüdenscheid mindestens drei Konkurrenzunternehmen hinzu. Das Jahrzehnt zwischen 1880 und 1890 war die Glanzzeit der Lüdenscheider Knopfindustrie, nicht nur in bezug auf die materielle, sondern auch auf die künstlerische Qualität der Knöpfe. Nach diesem Höhepunkt auch der Produktion und des Exportes von Papiermaché-Knöpfen ging es dann schnell bergab.

Knöpfe waren zum Modeartikel geworden und den Schwankungen derselben unterworfen. Gefragt waren neue Materialien: gold- und silberglänzende Kurzwaren, Glasknöpfe, Kuhhuf-, Metall-, Horn-, Emaille- oder Messingknöpfe.

Erst in einer Zeit großen Rohstoffmangels, in der Mitte unseres Jahrhunderts, besann man sich kurzfristig wieder darauf, daß Knöpfe auch aus Abfall(papier) hergestellt werden können. In Lüdenscheid erlebten die Papiermaché-Knöpfe eine kurze Renaissance, um dann schnell wieder in Vergessenheit zu geraten.

Spielwaren- und Puppenherstellung in Deutschland

Für die Spielwarenindustrie war Papiermaché eine wunderbare Erfindung. Es eröffnete unendlich viele neue Herstellungsmöglichkeiten. Darüber hinaus entstanden neue Berufe, wirtschaftlichen Strukturen wurden gefestigt, und ungelernten Arbeitskräften bot sich ein sicherer Arbeitsplatz.

Die serienmäßige Produktion von Spielzeug im Sinne der ›Spielware‹ begann wahrscheinlich schon im Mittelalter. Bereits im 13. Jahrhundert waren in Nürnberg Holzschnitzer und *Dockenmacher* mit der Herstellung von Spielzeug beschäftigt. Zwar war dies für sie zunächst meist nur ein Nebenerwerb, aber schon im Jahre 1400 soll es in Nürnberg zwei professionelle *Dockenmacher* gegeben haben, die allerlei Spielzeug fertigten. Johann Sigismund Stoy hat sich in seiner *Bilder-Akademie für die Jugend,* welche 1784 in Nürnberg erschienen ist, mit der Defintion beschäftigt: »Puppenwerk, Dockenwerk oder Spielsachen, nennt man überhaupt alles Spielwerk, woran die Kinder ihre Lust und Freude haben, und womit sie sich die Zeit zu vertreiben pflegen.« Wegen der steigenden Nachfrage reichte die Nürnberger Spielwarenproduktion bei weitem nicht aus, um den Markt zu befriedigen. Deshalb bemühten sich die Kaufleute um neue Einkaufsquellen außerhalb der Stadt.

Als Brennpunkte des Warenverkehrs waren im Mittelalter zwei Städte von Bedeutung: Nürnberg, das Sammel- und Versandzentrum sogenannter ›venetianischer Waren‹, deren

Herkunft sich bis nach Ostindien verfolgen läßt, und Erfurt als Zentrum, das den Handelsverkehr zwischen Deutschen und Slawen vermittelte, seit dem 10. Jahrhundert mit rheinischen Städten Handelsbeziehungen unterhielt und besonders im 14. Jahrhundert spanische, englische, auch überseeische und sonstige Waren auf viele ost- und süddeutsche Märkte brachte.

Mit der Ausweitung von Handel und Verkehr im 16. Jahrhundert entwickelten sich stark frequentierte Handelsstraßen. Die Hauptroute zwischen Nürnberg, Erfurt und Leipzig führte durch den Thüringer Wald.

Die reisenden Händler begriffen schnell, daß der Thüringer Wald sich nicht nur zum Durchreisen eignete, sondern daß sie dort auch bei den Dorfbewohnern billige und gute Handelsware einkaufen konnten. Nürnberg entwickelte sich zunehmend von der Spielzeughersteller-Stadt zum Hauptumschlagplatz von Spielwaren.

Der Sonneberger Raum im Thüringischen Wald bot sich aus geographischen Gründen als Umlade- und Übernachtungsstation an, und so kam man mit den dortigen Herstellern von Spielzeug ins Geschäft. Diese Kontakte zu den deutschen Handelszentren machten eine eigenständige wirtschaftliche Entwicklung Sonnebergs möglich. Zwar war man zunächst in Sonneberg in hohem Maße von den Nürnberger Händlern abhängig, was sich aber in den folgenden Jahrhunderten änderte, als die Sonneberger Waren in die ganze Welt verkauft wurden.

Der Sonneberger Chronist Heinrich Christoph Hensold erinnert in seiner *Beschreibung der durch ihren Welthandel berühmten Stadt Sonneberg* aus dem Jahre 1845 an den nachvollziehbaren Ursprung des Reichtums: »Vielleicht sind es kaum 200 Jahre, seitdem der hiesige Handel nach und nach sich vom Nürnberger emanzipirte und es mag das wohl sehr langsam gegangen sein. Ohne Zweifel ist Nürnberg als die Mutter desselben [des Sonneberger Handels] zu betrachten und hat ohne es zu wollen, den Impuls zu seiner Entstehung gegeben.«

Puppen aus Brotteig – Bossierer

Holz gab es im Thüringer Wald reichlich. Wie es Amos Comenius in seinem Anschauungslexikon *Orbis Pictus* zu Beginn des 17. Jahrhunderts beschrieben hat, wurden schon damals *Holzdocken* in dieser Gegend geschnitzt. Die überwiegend bäuerlichen Familien lebten im Sommer vom Bergbau und werkelten im Winter Holzspielwaren für die durchziehenden Handelsleute. In Heimarbeit schnitzten oder drechselten sie Spielzeug einfachster Ausführung, welches sie, mit dem Korb auf dem Rücken umherziehend, selbst verkauften. Als Werkzeug stand den Heimwerkern nur einfachstes Gerät zur Verfügung.

Die Dockenmacher, Abb. aus: Johann Amos Comenius, Orbis Pictus, 1754

Als die Nachfrage nach Puppen und anderen Spielwaren stieg, bemühten sich die Heimwerker ihr Spielzeug professioneller zu fertigen. Es sollte schnell herzustellen, ansehnlich sein und leicht – ein für den weiten Transport in die Städte nicht unwichtiges Kriterium. Man suchte nach einer Substanz, die all diesen Anforderungen entsprechen sollte.

Der neue Rohstoff für die Puppenherstellung, der diesen Wünschen um 1740 am ehesten entsprach, war ein teigartiger Brei aus *Schwarzmehl*, einem Abfallprodukt aus der Mehlherstellung, und Wasser, genannt *Brottaig* oder *Taig*. Die neuen Püppchen bestanden aus einem Holzkern mit einer Taighaut. Aus diesem festen Brei formten die *Docken-macher* mit einem Modellierstab rund um die grob geschnitzten hölzernen Puppen individuelle Figuren. Der *Taig* erlaubte das detaillierte Herausarbeiten der Puppengesichter. Diese wurden anschließend bemalt und waren recht ansehnlich. Wegen der unkomplizierten Herstellungsweise konnten sie sich in der Gestaltung schnell der jeweiligen Mode anpassen.

Einige weitere Vorteile verhalfen den Taigpüppchen zu ihrem großen Erfolg. Sie waren nicht nur leicht, sondern auch nahezu unzerbrechlich – beides Argumente, die sehr wichtig für den Transport waren.

Der neue Werkstoff brachte auch neuartige Arbeitsweisen mit sich. Die rationelle Fabrikation senkte die Preise, wodurch die Nachfrage schwunghaft anstieg. Der Aufschwung gab den Puppenherstellern entscheidende Impulse für die weitere Entwicklung in der regionalen Spielzeugfertigung.

Die neue Fabrikationsmethode, mit Brotteig zu modellieren, nannte man »*bossieren, bosseln, bösseln, pußiren oder poussieren*«, das bedeutete im ursprünglichen Sinne »aus der Hand frei modellieren« – im Deutschen Wörterbuch von Grimm aus dem Jahre 1889 heißt es hierzu: »*Bossieren = possieren*: in weicher Masse erhaben formen, überhaupt Formen bilden.« Die Brotteigmodelleure nannte man daher *Bossierer*.

Frühe Bossier-Arbeiten beschränkten sich nicht ausschließlich auf die Anfertigung von Puppengesichtern. Es wurde den geschnitzten Puppenköpfen manchmal auch eine Frisur oder ein Hut aufbossiert. Immer häufiger waren auch ganze Figuren, die keinen Holzkern mehr hatten, aus *Taig* geknetet.

Nach der ersten Euphorie stellte sich recht bald die Ernüchterung ein, und die Nachteile der Brotteigspielzeuge traten zutage. Die Teigmasse ließ sich zwar gut formen und war nahezu schwerelos, gegen klimatische Einflüsse jedoch war sie sehr empfindlich. Teigspielwaren erwiesen sich somit als für den Export völlig ungeeignet, da sie nicht über längere Zeit haltbar waren. In den Lagerhäusern und auf den Schiffen war der Brotteig ein Nahrungsmittel für Ratten und Mäuse, die während des Transports oft ganze Ladungen zerstörten. Was die Nager übrig ließen, fraßen die Milben oder verschimmelte.

Von den Brotteig-Spielwaren sind aus diesen Gründen kaum Beispiele erhalten geblieben. Die wenigen vorhandenen Exemplare befinden sich in einem üblen Zustand. Wenn sie von außen nicht angeknabbert worden oder verschimmelt sind, haben Milben sie von innen ausgehöhlt. Abhilfe konnte nur ein neues Material schaffen, welches die Vorteile des Brotteigs mit denen des Holzes vereinigte, ohne all die erwähnten Nachteile zu haben. Das Material sollte sich einfach wie Brotteig formen lassen, leicht und dennoch bruchfest sein und unempfindlich gegen Ungeziefer und Witterungseinflüsse.

Die ersten Verbesserungsversuche bestanden darin, daß man den leckeren Duft des Brotteigs veränderte, damit die Puppen nicht aufgefressen wurden. Um Ratten und Mäuse abzuschrecken, versuchten die *Bossierer* es mit Knoblauch und Zwiebeln. Diese waren jedoch völlig ungeeignet: Die Ratten mochten den strengen Geruch, die Kindern aber fanden ihn abstoßend. Pflanzliche Abführmittel, Antiseptika und verschiedene andere überriechende Zutaten im Brotteig waren bei den Nagern hingegen weniger beliebt, jedoch war mit diesen Beimischungen das Problem der Haltbarkeit der Spielwaren nicht gelöst.

Puppen aus Papiermaché – Drücker

Die Puppenhersteller experimentierten weiter mit jeder möglichen Kombination von Rohstoffen und Zutaten. Neben *Taig- und Holzdocken* wurden schließlich auch Puppen aus ›Pappenzeuch‹ auf den Nürnberger Wochen- und Jahrmärkten angeboten. Die Wiege dieser ersten Papiermaché-Puppen vermutet man in Thüringen, welches ja zu dieser Zeit schon für seine geschnitzten und gedrechselten *Holzdocken* sowie für die Brotteigfiguren berühmt war.

Um 1780 hatte ein in Sonneberg ansässiger *Bossierer* eine sinnvolle Alternative zum Brotteig entwickelt. Begonnen hatte es damit, daß er dem *Taig* Papier- und Stoffabfälle hinzufügte, um ihn für Ungeziefer ungenießbar zu machen. Bei seinen weiteren Versuchen reduzierte er den Anteil an Mehl, bis das Papier schließlich Hauptbestandteil der neuen Modelliermasse war; statt *Taig* hieß der neue Rohstoff nun *Masse*.

Die neuen Zutaten und die damit hergestellten Waren bewährten sich. Die *Bossierer* experimentierten mit Papiermasse, und jeder entwickelte seine eigene Zusammensetzung mit unterschiedlichen Beimischungen. Die genauen Rezepturen galten in den einzelnen Werkstätten als Betriebsgeheimnis, daß auf keinen Fall preisgegeben werden durfte. Die *Bossierer* setzten dem Papierbrei, der der Hauptbestandteil der neuen Modelliermasse war, in unterschiedlicher Menge weitere Ingredienzen zu: tonhaltigen Sand, Sägespäne, Gips, Strohabfälle, fein gemahlene Kreide oder Zellulose. Das Material wurde entweder nur aufgeweicht und zerstoßen oder auch gekocht, in jedem Fall aber gut vermischt.

Puppe mit Papiermaché-Kopf, um 1830

Geschäftsanzeige Emil Paufler & Co., 1905

Die Technik der Puppenherstellung änderte sich mit der neuen *Masse* noch nicht. Die Spielzeughersteller behandelten den neuen Werkstoff wie zuvor den Brotteig. Sie formten weiterhin meistens um einen Holzkern oder aus der freien Hand.

Bereits 1784 waren Puppen aus Papiermaché überall zu bewundern: »Man macht auch allerhand Docken- und Puppenwerk von Pappenzeuge, welches von aussen bemahlet wird.« Die Puppen wurden immer aufwendiger und bekamen bewegliche Extremitäten. Für die beweglichen Teile wurde neben Papiermaché auch Holz oder Leder verwendet. Papiermaché-Puppenköpfe, -arme, -beine oder -körper gab es in jeglicher Kombination mit anderen Materialien.

Mehrere Puppenhersteller nahmen für sich in Anspruch, Erfinder von Papiermaché-Puppen zu sein, insbesondere dann, wenn sich diese Behauptung werbewirksam einsetzen ließ. Unter anderem annoncierte dies Emil Paufler aus dem Erzgebirge im Jahre 1905; er hatte 1888 Gebrauchsmusterschutz für dieses Verfahren angemeldet.

Die Qualität der Papiermasse war nun zufriedenstellend und vereinigte alle gewünschten Vorzüge. Papiermaché-Artikel hatten ein niedriges und somit zollsparendes Gewicht, galten als unzerbrechlich und erwiesen sich als gut geeignet für den Überseetransport. Diese Vorteile in Verbindung mit dem niedrigen Preis ließ die Nachfrage nach Papiermaché-Spielwaren enorm ansteigen. Mit Hilfe von Papiermaché ließ sich die Herstellung der Spielwaren weitgehend rationalisieren. Das *Bossieren* aus der freien Hand wurde unnötig, denn der Papierbrei ließ sich in Modeln abformen. Auf diese Weise konnte man billige Massenartikel herstellen. Die gewünschte Form wurde negativ in eine Schiefer- oder Tonplatte eingeschnitten, diese mit Öl ausgestrichen und mit einem entsprechenden Teigklümpchen ausgelegt. So ließen sich für die Puppen nicht nur die Köpfe, sondern auch Arme und Beine in Massen formen. Eine völlige Umwälzung der Produktionsverhältnisse trat ein. Früher hatte es einer langen Lehrzeit und künstlerischer Geschicklichkeit bedurft, um die Kunst des Teigbossierens zu erlernen, jetzt genügte schon eine bescheidene Fertigkeit, um die Masse in vorbereitete Formen zu drücken. Es entstand eine neue Art von Hilfsarbeitern, die man *Drücker* nannte.

Der *Drücker* preßte die Papiermaché-Masse mit den Händen fest in die Vertiefungen der Formen hinein, die er zuvor mit billigem Fett oder Petroleum ausgeschmiert hatte. Dies war zwar nicht immer so einfach, wie man es hinzustellen pflegte. Um ansehnliche Papiermaché-Teile zu formen, benötigte der *Drücker* Erfahrung und Geschicklichkeit. Die Technik war jedoch in relativ kurzer Zeit zu erlernen. Damit die Masse nach dem Trocknen nicht auseinanderbröselte, mußte der Drücker in die tieferen Stellen der Form zusätzliche Papiermaché-Kügelchen, gut mit dem restlichen Material vermischt, hineindrücken. Nachdem mit einem Schwamm die noch vorhandene Feuchtigkeit herausgesogen war, konnte nach dem Antrocknen der (halbe) Kopf vorsichtig herausgenommen und mit dem Gesicht nach oben auf einen mit Drahtgitter bespannten Holzrahmen zum

Zutaten zur Herstellung von Papiermaché, um 1930, v.l.n.r.: Petroleum, Knochenleim, Brotmehl, Lumpenpappe, Papierrohmasse. Museum der Deutschen Spielwarenindustrie, Neustadt

Trocknen gelegt werden. Solange die Masse noch feucht war, konnten kleine Fehler zurechtgedrückt und geglättet werden. Schließlich wurden die Ränder mit einem scharfen Messer sauber abgeschnitten und die beiden Kopfteile mit starkem Tischlerleim verbunden. Noch vorhandene Fugen verstrich man mit einer stärker leimhaltigen Masse. Zuletzt wurden die Nähte glattgefeilt, oft noch mit Papier- oder Leinenstreifen überklebt. Alle diese Arbeitsgänge konnten von jedermann mit etwas Geschick ohne Vorkenntnisse in kürzester Zeit ausgeführt werden.

Die Ton- und Gipsmodelle der Puppenköpfe und -körperteile wurden meistens von Bildhauern oder anderen Künstlern entworfen. Für die Massenproduktion wurden nach diesen fertigen Modellen in der Fabrik zwei oder mehrteilige negative Tonformen hergestellt. Die Formen wurden in hoher Auflage an die meist zu Hause arbeitenden *Drücker* verteilt, die zur Erhöhung der Haltbarkeit die Arbeitsfläche der Formen innen mit einem Schutzüberzug aus geschmolzenem Schwefel versahen. Es gab aber auch Drückerformen, die ganz aus einem Schwefel-Sandsteingemisch bestanden. Diese hatten den Vorteil, daß sie einerseits sehr haltbar waren und andererseits bei zu starker Abnutzung oder wenn die Mode sich änderte wieder eingeschmolzen werden konnten.

Um besonders haltbare Spielwaren zu fertigen, modifizierten die *Drücker* das Verfahren. Entweder legten sie in die Halbformen etwa fünf bis sieben dünne Lagen eingeweichter Pappe, drückten diese fest zusammen und verbanden die einzelnen Lagen mit einem Kleber aus ölhaltigem Leimmehl. Die noch feuchten Papiermaché-Teile konnten dann aus den Formen genommen und die Hälften an der Luft getrocknet werden. Wenn die Teile trocken waren, wurden die Hälften zusammengeklebt und die Oberfläche sorgfältig bearbeitet. In die hohlen Puppenköpfe wurden Öffnungen geschnitten und Augen eingesetzt. Eine andere Variante bestand darin, das Papiermaché mit einer Holzrolle, dem *Wölkerholz*, zu einer Tafel, dem *Fleck*, auszurollen, die dann wie die oben beschriebenen einzelnen Papierlagen in die vorbereiteten Drückerformen eingelegt werden konnte. Wie beim einfachen Drückerverfahren klebte man auch hier die Einzelteile zusammen, überzog die Trennähte mit einer Spachtelmasse oder Papierstreifen und verschliff sie mit Sandpapier.

Meist erhielten *Drücker,* die im Auftrag von Fabrikanten arbeiteten, nur die begrenzt haltbaren Negativformen. Waren die Rohformen verschlissen oder defekt, mußten die Drücker manchmal lange auf Ersatzlieferungen warten und Arbeits- und Verdienstausfälle in Kauf nehmen. Deshalb gingen die Fabrikanten immer mehr dazu über, die Positivformen für die Puppenteile zu liefern, von denen die *Drücker* selbst nach Bedarf einen oder mehrere entsprechende Negativabgüsse herstellen konnten. Durch das *Drücken* konnte rationeller gearbeitet werden. Eine Massenproduktion der unterschiedlichsten Papiermaché-Erzeugnisse in nahezu gleichbleibender Form und Qualität setzte ein.

Die *Bossierer*, die nur mit Brotteig modellierten, fühlten sich als Künstler. Sie arbeiteten frei Hand, und jedes ihrer Werkstücke war ein Unikat. Die *Bossierer* lehnten es ab, den neuen Rohstoff zu bearbeiten, mit dem man Massenware herstellen konnte. Papiermaché und die damit verbundene neue Arbeitsweise bedeutete für die Bossierer eine bedrohliche Konkurrenz. Sie kämpften gegen die Einführung dieser Technik und distanzierten sich von den Neuheiten.

Die Arbeitsbereiche der *Drücker* und der *Bossierer* waren strikt voneinander abgegrenzt. Diese Trennung bestand nicht nur in der Arbeitsweise, sondern vollzog sich auch im sozialen Leben. Während für den Beruf des *Bossierers* künstlerisches Geschick, handwerkliche Qualifikation und eine Ausbildung vonnöten war, wagte sich jeder Ungelernte zusammen mit Frau und Kindern an das *Drücken*.

Papiermaché hatte dort, wo es verwendet wurde, einen bedeutenden Einfluß auf die gesamte Wirtschaft. Christian Heinrich Schmidt beschreibt im Jahre 1864 die sozialen Auswirkungen: »Die Fabrikation der mannichfaltigen Gegenstände aus Papiermaché macht gegenwärtig einen wichtigen Gewerbszweig aus und beschäftigt nicht allein eine Menge Fabriken, sondern auch von vielen einzelnen Familien mehr im Kleinen betrieben, denen sie indessen eine nicht unbedeutende Finanzquelle eröffnet, indem hier die meisten Arbeiten von der Art sind, daß Frauenspersonen und sogar Kinder recht gut dabei verwendet werden können.«

Die lange andauernden Auseinandersetzungen um Produktions- und Handelsrechte, die mit der Einführung des Papiermachés zwischen den *Bossierern* und den Papiermaché-Handwerkern begannen, führten zur strengen Trennung dieser Berufszweige. Die Papiermaché-Arbeiter, von den *Bossierern* geschnitten und verachtet, bemühten sich um eine eigene Lobby und schlossen sich zu einem eigenen Gewerbe, dem der *Drücker* oder *Ausformer* zusammen.

Die wirtschaftliche Situation in Thüringen

Besonders betroffen von den weitreichenden Veränderungen durch die Einführung des Papiermaché war der Sonneberger Raum in Thüringen. Die wirtschaftliche Entwicklung war geprägt vom Holzreichtum des Thüringer Waldes. Der unfruchtbare Boden und die langen Winter hatten die Bevölkerung gezwungen, sich um Nebenerwerbsmöglichkeiten zu bemühen. Nach dem Verstummen der Bergwerkshämmer, eine Folgeerscheinung des Dreißigjährigen Krieges, sah man sich gänzlich auf die Ausbildung der Heimindustrie angewiesen. Die Holzfäller und Köhler saßen in den langen Wintermonaten am Herd und schnitzten Küchengeräte und Spielzeuge. Hierzu bedurfte es keiner teuren Werkzeuge, und Holz gab es genug. Nach der Schneeschmelze setzte auf der Handelsstraße, die von Nürnberg an Sonneberg vorbei nach Erfurt und Leipzig führte, die Reisetätigkeit ein. Nürnberger Händler kauften in Sonneberg den armen Kohlenbrennern die im Winter geschnitzten Holzsachen ab.

Das breite Spektrum des Holzspielzeugs, das aus Sonneberg kam, »Degen, Pistolen, Pfeuffen, Geigen, Klappern, Kegel Spiel, Nuß Beißer, Guckugcke, Schnurren, Reiterlein auf Pferdlein mit Pfeufflein im Aerchlein« und dergleichen mehr wurde durch die Papiermaché-Waren vortrefflich ergänzt, die schließlich die Holzspielzeuge verdrängten. Die Erfindung des *Taigs* und später des Papiermachés und die damit verbundenen neuen Produktionstechniken hatten durch rationellere Arbeitsweisen eine neue Ära der organisierten Arbeitsteilung eingeläutet. Die einstmals reine Winterbeschäftigung weitete sich zunehmend aus und wurde zum hauptsächlichen Lebenserwerb vieler Thüringer Familien.

Die Bossiererzunft in Sonneberg 1781

Bis 1781 konnte jeder in und um Sonneberg das Bossiererhandwerk ausüben, gleichgültig mit welchem Rohstoff und welchen Hilfsmitteln. Dann wurde mit der Gründung der Bossierer-Zunft das Berufsbild abgesteckt: Die Qualität der Ausbildung wurde festgelegt und sowohl das Arbeitsmaterial wie auch der Arbeitsvorgang detailliert beschrieben. Wer Meister werden wollte, mußte den Innungsbestimmungen entsprechend eine sechsjährige Gesellenzeit absolvieren. Das *Statut der Innung derer Pussierer und PuppenMacher* aus dem Jahre 1771 beschreibt zahlreiche Details aus dem Berufsleben der *Bossierer*, so auch, wie mit denjenigen zu verfahren ist, die sich nicht an die Bestimmungen halten: »Als Meisterstück wird verlangt [...] von den Bossierern: Ein wohl proportioniertes und fein natührlich gemahltes ungesatteltes Pferd, das in Galopp läuft; ein an der Palisaden stehender und seine Grenade werfender Grenadier mit Ober- und Untergewehr; ein jederzeit nach der neuesten Mode frisirt und gekleidetes Frauenzimmer, und zwar alles aus freyer Hand und ohne eine Form dabey zu gebrauchen [...] Stöhrer und Pfuscher werden mit Waarenconfiscation bedroht.«

Den *Bossierermeistern* wurden umfangreiche Rechte zugebilligt, die sie von der Arbeit anderer zünftiger Handwerker weitgehend unabhängig machten. Die Zunftregeln wurden streng ausgelegt und verteidigt. Sie waren die Grundlage vieler Auseinandersetzungen und gerichtlicher Verfahren unter den Handwerkern. Die starke Reglementierung durch die Zunftgesetze förderte die Rivalität zwischen den *Drückern und Bossierern*, die in ständigem Streit lebten, weil einer dem anderen die Aufträge wegnahm. Die *Bossierer* lehnten die *Drücker* in der Vorstellung qualifizierter zu sein ab. Solange die Bossiererzunft bestand, wurde grundsätzlich kein *Drücker* dort aufgenommen. Ebensowenig wurden diese in der *Vereinigung der plastischen Gewerbe* akzeptiert, in der sich die *Bossierer* 1842 zusammengefunden hatten.

Im Schutze ihrer Zunft waren die *Bossierer* allerdings äußerst kreativ. Im ausgehenden 18. Jahrhundert brachten sie zahlreiche Neuheiten auf den Markt. Neben den Puppen erfreute die Kinder eine große Palette an klingendem und beweglichem Spielzeug: zum Beispiel laufende Figuren, tönende Gaukler und Zwitschervögel.

Die nicht zünftigen Spielzeugmacher mußten über den beschränkten lokalen Markt hinaus allein versuchen, ihre Waren auf den Messen und Jahrmärkten der Städte zu verkaufen. Dies war mit Beschwernissen auf der Reise, Auflagen des einheimischen städtischen Handwerks und Absatzrisiken verbunden.

Streiten sich zwei, freut sich der Dritte. In diesem Falle kamen Konkurrenz und Streitigkeiten der *Bossierer* und *Drücker* dem Gewerbezweig der Händler recht. Die Händler wandten sich schließlich von den aggressiv fordernden *Bossierern* ab, hin zu den *Drückern*, die als Einzelkämpfer abhängiger waren. Die empfindlichen Bossiererwaren verschwanden zugunsten der billigeren, haltbareren Papiermaché-Artikel weitgehend vom Markt.

Die Thüringer Hausindustrie und das Sonneberger Verlegersystem 1789

Die starren Zunftgesetze erschwerten das wirtschaftliche Wachstum und behinderten die industrielle Entwicklung des Bossierergewerbes erheblich. Um hier Abhilfe zu schaffen und um die *Bossierer* zu unterstützen, griff schließlich die Landesregierung ein. Herzog Georg I. von Meiningen erließ das *Privilegium der Sonneberger Kaufmannschaft*. Das Handelsprivileg legte die Rechte und Aufgaben der Kaufleute und Handwerker fest. 30 Sonneberger Großhändler erhielten die Erlaubnis, ausschließlich Handel mit Papiermaché-Artikeln zu treiben. »Es darf aber von dato an weder Kaufmann noch Arbeiter oder sonst jemand handeln, und zugleich Arbeiter oder Profesionist sein.« Somit war allen Spielzeugherstellern und *Bossierern* ab sofort der Vertrieb der eigenen Papiermachéwaren untersagt. Das Privileg ordnete jedoch nicht nur Geschäftliches, sondern legte auch großen Wert auf »einen christlichen und wohlanständigen Lebenswandel«.

Die Kaufmannschaft wurde darüber hinaus verpflichtet, ihren Heimarbeitern besseren Lohn zu zahlen und die Preise der Waren festzulegen. Vorgeschrieben war außerdem ein Warenlager, um der Saisonarbeit entgegenzuwirken. Damit die Kaufleute über fundierte Kenntnisse ihres Berufes verfügten, sollte »die Handlung zu Sonneberg oder auswärts ordentlich gelernet« sein.

Emanuel Sax sieht das *Sonneberger Privilegium* kritisch. Er stellt heraus, wem seiner Meinung nach die Privilegien zugute kamen: »Es gab der Kaufmannschaft Rechte, die vollauf genützt wurden, und legten ihr Pflichten auf, die in ein Nichts zerstoben; es fesselte das Oberland an eine Handvoll Kaufleute, deren Pflichtspruch war: Freie Concurrenz unter den Arbeitern, Monopol für die Kaufmannschaft! d. h. Spaltung der Schwachen, Vereinigung der Starken.«[16]

Das *Sonneberger Privilegium* hatte in der Tat eine weitreichende Wirkung auf das wirtschaftliche und gesellschaftliche Leben der Kaufmannschaft. Aufgrund der wirtschaftlichen Neuordnung blühte Sonneberg auf. Die bedeutenden Heimarbeiter-Kapazitäten konnten voll ausgeschöpft werden, was die Hausarbeit zum wichtigsten Erwerbszweig der Thüringer Spielzeugstadt machte.

Neben den ›klassischen‹ Heimarbeitern, die meist als *Drücker* tätig waren, entwickelte sich in Sonneberg eine für diese Gegend in Verbindung mit dem Rohstoff Papiermaché typische Gewerbeform. Heimarbeiter wurden selbständige Produzenten, sogenannte Hausindustrielle oder Hausgewerbetreibende. Die Hausgewerbetreibenden waren aufgrund ihrer sozialen Situation und der harten Konkurrenz gezwungen, die Nachteile des Heimwerkers mit denen des Händlers zu verbinden, um überhaupt ein Einkommen zu erzielen. Die gesetzlichen Einschränkungen und die daraus resultierenden Abhängigkeiten brachten es mit sich, daß die Hausgewerbetreibenden bald zu den sozial schwächsten in der Region zählten. Sie arbeiteten in der Regel in einer Gruppe zusammen mit der eigenen Familie oder seltener mit nicht verwandten Gehilfen oder Lehrlingen. Diese wurden wie

Familienmitglieder behandelt und erhielten neben Kost und Logis im Hause ihres Arbeitnehmers einen nur sehr geringen Arbeitslohn.

Die Hausgewerbetreibenden schlossen mit den Käufern ihrer Waren keinen Arbeits- sondern einen Kaufvertrag. So mußten sie eigenes Werkzeug, sämtliche Materialien und was sie sonst zur Arbeit benötigten auf eigene Rechnung und eigenes Risiko beschaffen. Von ihrem kärglichen Verdienst zahlten sie sowohl die Miete ihres Arbeitsplatzes, der in der Regel die eigene Stube war, wie auch die verwendeten Rohstoffe und Halbfabrikate sowie gegebenenfalls die Löhne an die Gehilfen.

Als die Arbeiten an einem Werkstück zu umfangreich wurden, weil die Spielwaren komplizierter und oft auch aus vielen verschiedenen Einzelteilen zusammengesetzt waren, kamen weitere Berufsstände, der des Fabrikanten und des Verlegers, hinzu.

Der Fabrikant organisierte und koordinierte die Zusammenführung der halbfertigen, in Heimarbeit hergestellten Produkte und lieferte die fertigen Spielwaren an den Verleger ab. Je nach seinen räumlichen und wirtschaftlichen Verhältnissen ließ ein Fabrikant manchmal einen Teil der Arbeiten in seinem Hause erledigen. In Fabriken mußten schon damals feste Löhne für bestimmte Arbeitsstunden gezahlt werden, während die Herstellung der Teilstücke in Heimarbeit nach Stück- oder Dutzendpreis entlohnt wurde.

Der Fabrikant entwarf auch selbst oder bestellte nach eigenen Wünschen ein Model, ließ die Formen herstellen und gab sie an den *Drücker* weiter, der in Heimarbeit die Papiermaché-Teile herstellte. Diese Teile durchliefen bis zur Fertigstellung mehrere Stationen: Der Maler bemalte die Rohlinge, die Puppenfrisurmacherin kreierte die Haartracht. Anschließend gingen die halbfertigen Puppen zum Wimpern- und Augeneinsetzer und zu den Fachleuten für Zähne, bis sie schließlich eingekleidet wurden. Auch diese Fertigmacher arbeiteten in der Regel als Hausgewerbetreibende für den Fabrikanten und wurden im Akkord bezahlt.

96

Wenngleich für die Fertigmachertätigkeiten keine bestimmte Ausbildung vorgeschrieben war, spielte die Qualität dieser letzten Handgriffe eine wesentliche Rolle für die Akzeptanz des Spielzeugs beim Käufer. So wurde zum Beispiel wie Ernst Reusch 1901 in seinem Buch *Die Sonneberger Spielwaren-Industrie* schrieb »die Puppenkleidung [...] nur von den Frauen und Mädchen der Städte vorgenommen. Den Landschönen, zumal in den bayrischen Grenzorten, fehlt der richtige Geschmack dafür.«

Waren die Puppen und Spielwaren fertig, traten die *Verleger* auf den Plan. Sie waren nicht mit der Produktion beschäftigt, sondern kümmerten sich ausschließlich um die Vermarktung. Sie kauften die fertige Ware und übernahmen aufgrund ihrer Kenntnisse des Marktes und des Bedarfs den Verkauf.

Das Drückergewerbe

Die Arbeit des *Drückers,* die in Heimarbeit ausgeführt wurde, war in jeglicher Hinsicht die übelste Arbeit bei der Spielwarenherstellung. Sie galt als außerordentlich gesundheitsschädlich und war dazu unterbezahlt. Das feuchte Papiermaché, versetzt mit Roggenmehl, begann nach kurzer Zeit zu gären. Der Geruch des Petroleums, mit dem die Drückerformen ausgestrichen wurden, war stechend, und beim Schleifen der zusammengesetzten Teile entstand ein feiner Staub, der sich in der Lunge festsetzte.

Die Chroniken berichten, daß der Raum in dem gearbeitet wurde sehr oft der einzige Wohnraum einer Heimarbeiterfamilie war. Hier spielte sich das gesamte tägliche Leben ab. Die Arbeit wurde so schlecht bezahlt, daß alle Familienmitglieder einschließlich der kleinsten Kinder mitarbeiten mußten. Wegen der starken Konkurrenz und sozialen Not arbeiteten viele *Drücker* oft auch für einen Bruchteil des damals vorgeschriebenen Tariflohnes.

Die günstige Preise der Materialien, welche für die Papiermaché-Spielwaren verwendet wurden, konnte kaum noch

Werkstatt eines Drückers (Nachbau), Ende des 19. Jh. Museum der Deutschen Spielzeugindustrie, Neustadt

unterboten werden. Daher richtete sich der Preis der Papiermaché-Waren vorwiegend nach dem Maß der von Menschenhand auf sie verwandten Mühe. Seit Mitte des 19. Jahrhunderts gab es den *Drückertarif*. Er sollte dem Elend der Heimwerker ein Ende bereiten und legte Mindestlöhne für das Drückergewerbe fest:»Der Drücker-Tarif zerlegte die Puppen streng sachlich, illusionslos und kapitalistisch in Einzelteile. Für das Dutzend Babybeine, 6 Zentimeter lang, gab es 19 Pfennig. Je länger das Bein, umso zahlreicher die Pfennige. Ein Dutzend Arme, 4 Zentimeter lang, wurde mit 10 Pfennig bezahlt; für Hände, 3 Zentimeter, kriegte man 15 Pfennige pro Dutzend. Tarif für Katzen, gemessen wird Schnauze über Kopf, Rücken zum Schwanzansatz: Dutzend 20 Pfennige. Hasen, Schweine, Hirsche, Pferde, Kühe, Ziegen, Rentiere, Esel, Hähne,(gemessen vom Schnabel über den Kamm, Rücken, Schwanz, Brust, Bauch, Hals, zurück zum Schnabel), Hühner (stehend und brütend) Löwen, Tiger, Elefanten, Nilpferde, Kamele. Und außerdem Weih-

98

nachtsmänner (gemessen: Mützenspitze über Rücken zum Boden), Nippsachen, Engel mit Kleinigkeiten, Äpfel (gemessen von der Blüte über die Frucht zum Stiel), Gurken, Eier, Nadelsachen, Kürbisfiguren, Pilze (Dutzend 6 Pfennige) usw.«[17]

Die großen Arbeitgeberorganisationen, der Thüringer Spielwareninteressenten-Verband, die Vereinigten Fabrikanten und Hausgewerbetreibenden der Puppen- und Spielwaren-Industrie Sonneberg, erkannten die Tarifvereinbarung zwar feierlich an; nichtsdestotrotz hielten sie sich aber nur selten daran. Da die konservativen Zunftgesetze und das Sonneberger Handelsprivileg neue kreative Bestrebungen auf dem Gebiet der Papiermaché-Herstellung und des Vertriebs einschränkten, suchten schließlich findige Papiermaché-Arbeiter unter Umgehung dieser Gesetze nach anderen Wegen, ihre Waren ihren Vorstellungen entsprechend herzustellen und zu vertreiben.

Die Gebrüder Müller, Sonneberg 1805

Gegen den Willen ihrer Kollegen und den Widerstand der Zunft gelang es dem Bossierermeister Johann Friedrich Müller und seinem Bruder Nicol Gottfried im Jahre 1805, die staatliche Genehmigung zur Verwendung von Papiermaché zu erhalten. Sie hatten die Landesregentin Luise Leonore, Herzogin von Sachsen, als Fürsprecherin, die »den Bossieren Gottfried und Johann Friedrich Müller zu Sonneberg die nachgesuchte Konzession zu Verfertigung von und zum Verkauf von Papiermachéren Waren« gab.

Der Konzession ist nicht zu entnehmen, was die Müllers aus Papiermaché produzierten, aber es ist anzunehmen, daß sie das Material vielseitig einsetzten. Bekannt ist, daß Johann Friedrich Müller während des Napoleonischen Kriegs Kontakt zu einem Franzosen hatte, der ihn mit dem in Frankreich schon lange bekannten Papiermaché vertraut machte. Und so ist es wahrscheinlich, daß in der Müllerschen Manufaktur Papiermachéwaren im damaligen französischen Stil, zum

Beispiel lackierte Stöcke, Dosen und Schachteln, gefertigt wurden.

1818 begannen die Müllers mit der Massenfertigung von Architekturteilen im *Drücker-Verfahren*. Später verbanden sie diese Technik mit der traditionellen Sonneberger Puppenherstellung. Es wird berichtet, daß die Müllers als erste Papiermaché-Fabrikanten Puppenköpfe im *Drücker-Verfahren* herstellten.

Müllers gedrückte Papiermaché-Puppenköpfe sahen alle völlig gleich aus, wie es der Weltmarkt verlangte und waren von geringem Gewicht, was bei den Gewichtszöllen ihnen Vorteile einbrachte. Außerdem waren sie billig. Die Tatsache, daß die Müllers in der Lage waren, schnell große Mengen gedrücktes Papiermaché zu liefern, machte sie bekannt und erfolgreich. Um 1820 galt Johann Friedrich Müller als der ›größte Unternehmer‹ in diesem Metier und beschäftigte bereits 200 Personen; vier Jahre später waren es zeitweise bis zu 300 Arbeiter.

Gute Ideen finden schnell Nachahmer, und so beklagte sich Müller 1824 darüber, daß viele seiner früheren Arbeiter, die bei ihm gelernt hatten, nun auf eigene Faust Papiermaché-Waren produzierten. Die Angst vor der Konkurrenz war berechtigt. Zunehmend mehr Drücker machten sich als Fabrikanten und Händler selbständig.

J. D. Kestner, Waltershausen 1816

Johann Daniel Kestner jr. erhielt nach den Brüdern Müller als zweiter Fabrikant in Thüringen das »Monopol zur Herstellung und Verarbeitung von Papiermaché, für 10 Jahre gegen eine einmalige Abgabe von nur 3 Talern«. 1816 eröffnete er in Waltershausen, nicht weit von Sonneberg, eine eigene Fabrik, die bald zu einer zweiten Puppenmetropole im Thüringer Wald wurde. Kestner begann Imitate der bis dahin bekannten Schiefertäfelchen in Form von notizbuchgroßen schwarzen Schreibtafeln aus Papiermaché zu fertigen. Später spezialisierte er sich auf die Herstellung von Papiermaché-

Puppen und brachte immer neuen Papiermaché-Nippes auf den Markt: Papiermaché-Springkästen, Stehaufmännchen, Menagerien, Tiere mit und ohne Schreibälgen und sogar ganze Tierparks waren bei den Kindern sehr beliebt. Eine neue ›Verzierung‹ verwandelte sie später in Kuscheltiere.

Christian Heinrich Schmidt beschreibt diese Technik folgendermaßen: »Thierfiguren pflegt man übrigens nicht zu bemalen, sondern mit Scheerwolle in den erforderlichen Abstufungen zu bestreuen. Nachdem nämlich die Thierfiguren mit feinem Glas- oder Sandpapier, oder auch mit angefeuchtetem Schachtelhalm abgerieben oder zugeschliffen sind, werden sie mit Leinölfirniß angestrichen. Ist dieser halb trocken, so werden sie mit gepulvertem Wolltuch, d. h. feingesiebter Scheerwolle, von der Farbe, wie man sie eben nöthig hat, überstreut, und nachdem diese Scheerwolle aufgetrocknet ist, wird mit dem Pinsel das gehörige Licht und der erforderliche Schatten gegeben. Auf diese Art lassen sich Thierfiguren aus Papiermaché von vorzüglicher Schönheit und ganz der Natur getreu darstellen.«

Im Angebot von Kestners Fabrik gab es neben den Artikeln, die das ganze Jahr über produziert wurden, auch papierne Saisonartikel. Weihnachtsengel und -männer aus Papiermaché, Krippenfiguren, Oster- und Karnevalsartikel sowie Dekorationsmaterial und Masken wurden aus Thüringen fast in die ganze Welt geliefert.

Gottlieb Bunzel, Neustadt 1826

Die Entwicklung der Papiermaché-Technik schritt voran und war auch durch Reglementierungen nicht mehr aufzuhalten. Im Herbst 1826, zu einer Zeit als die Gesetzgebung dies für Sonneberg noch verbat, begann in Neustadt der Maler Gottlieb Bunzel mit Papiermaché zu arbeiten. Neustadt, nur wenige Kilometer von Sonneberg entfernt, gehörte zu Bayern und unterlag anderen Handels- und Zunftgesetzen. Bunzel *drückte* kleine Figuren aus Papiermaché. Diese ließ er in Sonneberg bemalen, in der Hoffnung hier-

Krippenfiguren (vollgedrückt oder hohlgegossen), 1930–1950.
Museum der Deutschen Spielzeugindustrie, Neustadt

durch die strengen Zunftgesetze der *Bossierer* zu umgehen.
Doch schon im Februar 1827 klagte ihn der Obermeister
Christoph Liebelt beim Herzoglichen Justizamt an. Bunzel
hatte Glück. Er konnte beweisen, daß er seine Figuren nicht
aus Brotteig modellierte, sondern mit Papiermaché *drückte*.
Das Gericht entschied daraufhin, daß Bunzel weiterhin seine
Figuren aus Papiermaché *drücken* dürfe, sofern er eine
besondere Erlaubnis der Herzoglichen Landesregierung
nachweisen könnte, die ihn berechtigte »Gegenstände aller
Art« herzustellen. Das Bemalen derselben blieb ihm in Neustadt aber verboten, weshalb er diese Arbeiten weiterhin
nach Sonneberg gab.

Adolf Fleischmann, Sonneberg 1848

Auch der renommierte Kommerzienrat Adolf Fleischmann
(1819 – 1895) aus Sonneberg versuchte das immer noch gül-
tige *Sonneberger Handelsprivilegium* aus dem Jahre 1789 zu

102

umgehen. Trotz des Verbots hatte er neben seinem Handelshaus eine Papiermaché-Fabrik gegründet, die überregionale
Anerkennung erlangte. In einem Artikel in der *Real- Ency-
klopädie für die gebildeten Stände* aus dem Jahre 1847 ist
vermerkt: »Von bedeutendem Rufe ist die Fabrik von Fleischmann in Sonneberg, deren Besitzer ein sehr gebildeter
Künstler ist und [...] sehr schöne Arbeiten liefert, deren es
durchaus nicht an Kunstwerth fehlt. Auch Bilderrahmen,
sogenannte Jagdrahmen, welche ebenso geschmackvoll als
künstlich gemacht, Laubwerk, Äste, Thiergruppen und
dergl. zeigen, und Caricaturfiguren von ein bis zwei Zoll
Höhe [...] werden dort gefertigt.«

Fleischmann gründete den in Sonneberg neuartigen
Zweig der Attrappenindustrie. Aus Papiermaché stellte er
sogenannte *Füllartikel* her, Objekte, die innen hohl und mit
Süßigkeiten, Parfümerien oder kleinen Geschenken gefüllt
wurden. Die hohlen Figuren waren meist der Mitte zu öff-
nen. Sie stellten Tiere, Wickelkinder oder Gabenbringer wie
Osterhasen oder Weihnachtsmänner dar. Einfache, billigere
Ausführungen bestanden aus einer gepreßten Pappdose, die
mit Papiermaché-Figuren oder -Ornamenten verziert war.
Die Sonneberger *Füllartikel* wurden schnell weltbekannt

›Füllartikel‹. Museum der
deutschen Spiel-
zeugindustrie,
Neustadt

Franz Hutschgau, Hase auf dem Motorrad (Papiermaché gegossen), Neustadt um 1940. Museum der Deutschen Spielzeugindustrie, Neustadt

und oft nachgeahmt. Fleischmann betrieb jedoch die Attrappenherstellung nicht sehr lange, so daß die meisten dieser Artikel bald aus der Nachbarstadt Neustadt kamen.

Da die Rezepturen der einzelnen Fabrikanten meist ein Geheimnis blieben, gilt das handgeschriebene Rezept aus Fleischmanns Nachlaß als Rarität. Wie heute noch im Archiv des Sonneberger Spielzeugmuseums nachzulesen ist, bestand sein Papiermaché aus einem »Gemenge von aufgeweicheten Papierschnitzeln, Kreide, schwarzem Mehl und Leim.«

Fleischmann hatte viele Neider. Die umliegenden Heimarbeiter und Kleinfabrikanten fanden heraus, daß er neben seinem Handelshaus auch produzierte und mit der Herstellung und dem Vertrieb von Papiermaché-Artikeln das Handelsprivileg mißachtete. 1848 demonstrierten sie gemeinsam gegen diese Gesetzesübertretung. Die Arbeiter überrannten

Philip Cox, ›The Old Couple‹ ▷

Rowena Gough, ›Oiseau & Friends‹ (Broschen), Australien 1988

Rowena Gough, ›Delphan Nematode & Salmon Shard‹, Australien 1988

Zwei Teufel aus Mexiko, 1992.
Fa. Ludwig Beck und Radspieler, München. Photo: Thomas Mayfried

Katharina Eckart, ›Schale mit Hörnern‹, 1993. Photo: Achim Bednorz

Leszek Puchalski, ›Hund‹. Photo: Achim Bednorz

Leszek Puchalski, ›Der Affe‹. Photo: Achim Bednorz

Dalmatiner von den Philippinen

Pferd von den Philippinen

Puppen von den Philippinen. Fa. Ludwig Beck und Radspieler, München.
Photos: Thomas Mayfried

Philip Cox, ›The Heavenly Music Company‹

die Fabrik, zerschlugen die Formen, demolierten das Gebäude und zwangen Fleischmann, die Fabrikation aufzugeben.

Um weitere Unruhen zu verhindern, erließ die Regierung am 11. Juni 1848 das *Statut für die plastischen Gewerbe des Verwaltungs-Amtsbezirke Sonneberg*. Damit wurde erneut das gleichzeitige Handeln und Produzieren der Spielwaren verboten. Diesmal verbesserten die Gesetze nicht die Situation der Kaufleute, sondern sicherten das Monopol der *Drücker*.

Das Sonneberger Spielzeugmuseum besitzt in seiner Sammlung zahlreiche Papiermaché-Objekte von Fleischmann, der aber nicht nur selbst bosselte, sondern auch aufwendige Papiermaché-Objekte entwarf. Ein herausragendes Werk ist die 1843/44 nach seinen Plänen entstandene Figurengruppe *Gulliver in Liliput*, die in Lebensgröße eine Szene aus Jonathan Swifts Roman darstellt. Der Nürnberger Bildhauer und Modelleur Rau fertigte die Hauptfigur des Gulliver aus Papiermaché, während die Bossierer Hetzel und Sachsenweger die Liliputaner aus Brotteig bossierten.

Die Gruppe wurde als Ausstellungsstück für die *Allgemeine Ausstellung deutscher Gerwerbeerzeugnisse* im Berliner Zeughaus modelliert und erregte dort großes Aufsehen. Die Szene ist ein Beleg für die außergewöhnlichen künstlerischen und handwerklichen Fähigkeiten der Sonneberger Bossierer und dies stellte eine ausgezeichnete Werbung für Fleischmanns Produkte dar. Der Sonneberger Beitrag wurde in Berlin mit der Ehernen Preismedaille prämiert. Nach diesem Erfolg stellte Fleischmann die Szene noch einmal 1851 im Londoner Kristallpalast aus – wiederum mit großem Erfolg. Seit 1908 befindet sich die Gruppe *Gulliver in Liliput* wieder in Sonneberg und ist im dortigen Spielzeugmuseum ausgestellt.

◁ ›Sitzender Mönch‹, Birma, 19. Jh., Privatslg. Photo: Bildarchiv Hansmann, München

In Waltershausen, nahe Sonneberg, spezialisierte man sich auf Puppenhauseinrichtungen aus Papiermaché. Rosenholzmöbel im Empire Stil dienten als Vorlagen und wurden täuschend echt aus Papiermaché imitiert. Auch hier war ein wichtiger Aspekt die Unzerbrechlichkeit und das geringe Gewicht beim Transport. Ein Großteil dieser Puppenhaus-Stilmöbel wurde unter der Bezeichnung *Biedermeier Waltershausen* nach England exportiert.

Zwischen 1850 und 1920 tauchten immer wieder neuartige Spielwaren und Papiermaché-Nippes auf, die ebenso schnell wieder vom Markt verschwanden. Nicht mehr nur die künstlerischen Fähigkeiten zählten bei der Herstellung der Figuren, es wurden auch zunehmend technische Effekte, Tricks, Stimmen und anderes mehr mit den Papiermaché-Waren kombiniert. Seit den vierziger Jahren des 19. Jahrhunderts wurde das Sortiment der Papiermaché-Spielwaren durch die sogenannten Nick- und Wackelfiguren ergänzt. Hierfür wurde der Kopf einer Papiermaché-Figur mit dem Körper über eine bewegliche Spirale verbunden, so daß der Kopf schon bei leichtester Berührung wackelte.

Die wirtschaftliche Entwicklung Sonnebergs

Die Einführung des Papiermachés brachte dem Sonneberger Raum seit dem Ende des 18. Jahrhunderts den wirtschaftlichen Durchbruch. Die neuen Verarbeitungsmethoden gestatteten es, die Produktion der Spielwaren enorm zu steigern und verursachten eine soziale und wirtschaftliche Neuorganisation, deren Auswirkungen bis in die dreißiger Jahre unseres Jahrhunderts zu spüren waren.

Die aus der Papiermaché-Verarbeitung neu entstandenen Berufszweige brachten es mit sich, daß aus den ehemaligen Holzfällern und Köhlern abhängige, schlecht bezahlte Hausgewerbetreibende wurden. Während die Heimarbeiter bisher die Art ihrer Produkte selbst bestimmen konnten, war bei ihrer neuen Tätigkeit kaum eigene Überlegung notwendig. Sie glich der stumpfsinnigen Akkordarbeit am Fließband einer großen Fabrik, verbunden mit den Nachteilen des Selbständigen.

1810 waren rund 40 *Bossierer* in Sonneberg und den umliegenden Dörfern ansässig, 1840 gab es neben 264 Drechsler- und Holzschnitzerfamilien immerhin 111 Papiermaché-Arbeiter-Familien, und 1844 fertigten schon über 750 Arbeiter und *Drücker* Spielwaren aus Papiermaché.

Die gesamte thüringische Puppenindustrie wurde durch die Einführung des Papiermachés beeinflußt. Mitte des 19. Jahrhunderts waren etwa 30 bis 40 Bossierer mit der Herstellung von Puppen aus Holz und Brotteig beschäftigt. Der neue Grundstoff Papiermaché hatte bis dahin auf die Produktionstechnik der Puppenfabrikation noch keinen wesentlichen Einfluß ausgeübt, denn es fehlte vor allem an guten, für die Massenerzeugung geeigneten Vorlagen. Eine von der Weltausstellung in London 1851 mitgebrachte, nur mit einem Hemd bekleidete, bewegliche Gelenkpuppe chinesischen Ursprungs soll den schöpferischen Impuls zur Herstellung der *Sonneberger Puppe* oder *Täufling* genannten Puppe geliefert haben. Der *Täufling* war die erste Puppe, die in großen Mengen aus Einzelteilen hergestellt wurde.

Die kleine Provinzstadt Sonneberg galt jahrzehntelang als die größte Spielzeugproduktionsstätte und wurde weltweit zum Begriff für die Puppen- und Spielwarenherstellung. Der Welthandel förderte den ungeheuer hohen Bedarf an Spielzeug und Dekorationsartikeln. Ein Großteil der Produktion bestand aus reinen Saisonartikeln wie zum Beispiel Weihnachts- oder Osterartikel, Karnevals- und Halloween-Dekorationen. Die Bestellung von derartigen Saisonartikeln aus der ganzen Welt verteilten sich über das ganze Jahr; entsprechend wurde auch produziert und verschickt. Während die Bestellungen von Weihnachtswaren aus Indien und Australien schon zu Beginn eines Jahres in Sonneberg eintrafen, kamen die Aufträge aus weniger entfernten Ländern erst im

Sommer an. Und erst im späten Herbst produzierte man für die nähere Umgebung und zuletzt für den eigenen Bedarf. Durch die unterschiedlich lange Transportzeit verteilte sich die Produktion der Saison-Artikel fast auf das ganze Jahr und damit auch die Beschäftigung und der Verdienst der Produzenten, Fabrikanten und Verleger. Die Spielwaren waren der jeweiligen Mode unterworfen. Eine großzügige langfristige Lagerhaltung war deshalb weder sinnvoll noch notwendig.

Selbstverständlich lag die Versuchung nahe, Sonneberger Papiermaché-Waren im In- und Ausland zu kopieren. Die zeitgenössische Beschreibung von Adolf Fleischmann zeigt aber, daß diese Unternehmungen meist nicht geglückt sind: »Häufig, und zwar aus commerziellen Interessen, haben fremde Kaufleute versucht, die Papiermasse-Spielwaren-Fabrikation in ihre Gegend zu verpflanzen. Aber auswärtige Staatsregierungen in Erkennung des volkswirtschaftlichen Werthes der Spielwaaren-Hausindustrie haben ihre Aufmerksamkeit auf sie gerichtet, indem sie für Verpflanzung von Zweigen derselben in ihre Länder bei günstigem Erfolg hohe Prämien aussetzten. Selbst deutsche Regierungen haben sichs angelegen sein lassen, die Papiermasse-Spielwaaren-Fabrikation in bestimmten Orten einzuführen, aber nirgends mit anderem Erfolg als dem der Begründung von Fabriken, die, sie mögen noch so sehr sich vergrößern, doch nicht angethan sind, zu einer seßhaften, selbständigen Hausindustrie den Grund zu legen.«[18]

Der Erfolg der Sonneberger Industrie resultierte also nicht aus der Qualität der Produkte, sondern aus dem Zusammentreffen künstlerischer Qualitäten mit der Wirtschaftlichkeit der Herstellung und dem besonderen System der Thüringer Hausindustrie.

Gewerbefreiheit

Die Einführung der Gewerbefreiheit im zweiten Drittel des 19. Jahrhunderts brachte noch einmal bedeutende Veränderungen für das Papiermaché-Gewerbe. Die neue Ordnung löste die traditionellen Handelsschranken und Wirtschaftsstrukturen auf und setzte alle vorhergegangenen Statuten und Gewerbebestimmungen, so auch das *Große Sonneberger Privilegium* außer Kraft. Dies bedeutete für viele kleine Handwerker endlich eine Möglichkeit zur wirtschaftlichen Unabhängigkeit. »Die Wirkung war für Sonneberg günstig. Vor allem fand ein schnelles Anwachsen der Bevölkerung statt ... allein die Bevölkerung der Stadt Sonneberg nahm innerhalb zweier Jahrzehnte um 180 Prozent zu.«[19]

Nun durfte jeder, der sich dazu berufen fühlte und befähigt war, eine eigene Fabrik oder ein Handelsgeschäft eröffnen. Die Verleger, die bis dahin nur Handel getrieben hatten, bekamen nun Konkurrenz von Gewerbetreibenden, die als Spielzeughersteller ihre eigene Waren selbst abzusetzen versuchten. Da die gesetzlichen Schranken gefallen waren, geschah es häufiger, daß sich *Bossierer* und *Drücker* zusammenschlossen, um gemeinsam Aufträge auszuführen. Die ursprünglich fest umrissenen Berufsbilder der *Bossierer*, *Drücker*, *Verleger* und Fabrikanten lösten sich allmählich auf und waren um die Jahrhundertwende kaum noch vorhanden.

Für die Künstler, Handwerker und Händler wirkten sich die neuen Handelsfreiheiten positiv aus. Adolf Fleischmann stellt als Befürworter der Veränderungen die Vorteile beson

Drei Hunde,
Nippesfiguren
aus Pappmaché.
Slg. Packert,
Neustadt

117

ders für die Arbeiter heraus: »Die Hausindustrie stellt auch den kleinen Mann in seinem Schaffen und Handeln so selbständig und frei wie den großen Fabrikanten und setzt ihn mit dem Welthandel in direktem Verkehr, wenngleich er zum Absatze seiner Erzeugnisse der Vermittlung eines lokalen Großhandelsstandes sich bedient, welcher der Sorge um den Verschleiß seiner Fabrikate nach Außen auf Credit ihn enthebt, indem er sie ausschließlich gegen Baarzahlung ihm abkauft, um verpackt, auf eigene Rechnung und Gefahr sie zu versenden.«[20]

In dieser Zeit entstanden viele interessante Kuriositäten auf dem Papiermaché-Sektor. Ohne großen Aufwand und Risiko fertigten die *Drücker* nach eigenem Gusto zum Teil auch ungewöhnliche Musterstücke an.

Die bessergestellten *Drücker* empfingen ihre Kunden im sogenannten *Musterzimmer.* Hier befanden sich sämtlich Einzelanfertigungen. Teilweise gingen diese Papiermaché-Waren nie in Produktion, andere hingegen wurden Prototypen für die Serienanfertigung. Die Interessenten und Händler aus der ganzen Welt schauten sich in Ruhe die Waren an, wählten aus dem jeweiligen Angebot eines *Drückers* aus und bestellten direkt beim Hersteller.

Die *Drücker* zeigten in ihren *Musterzimmern* sowohl Spielwaren, Nippesfiguren und Neuheiten als auch diverse Saisonartikel für die unterschiedlichsten Feier- und Festtage. Wenn bei einem Käufer Interesse an einem vorgelegten Entwurf bestand und genügend Bestellungen eingegangen waren, ging ein Papiermaché-Muster in Serienfertigung. Kataloge gab es für die Papiermaché-Waren selten, denn die Artikel waren so sehr der Mode unterworfen, daß mehrmals im Jahr die Kollektion wechselte und neue Artikel hinzukamen.

Das Neustädter Puppenmuseum bewahrt eine Sammlung von Papiermaché-Objekten aus dem *Musterzimmer* des Neustädter Bossierermeisters Emil Hutschgau und seines Sohnes Franz Hutschgau auf. Sie gibt das Spiegelbild des Zeitgeschmacks zwischen 1880 und 1940 wieder. Viele der

Emil Hutschgau,
Pappschachtel mit
Vogelapplikationen
(Papiermaché gedrückt),
Neustadt um 1875/85

damals ausgestellten Exponate sind jedoch nie in Serie
gegangen, wie zum Beispiel eine kunstvoll verzierte Dose
aus Papiermaché mit einem Vogelstilleben, andere wurden
in großen Stückzahlen angefertigt und in alle Welt versandt.

Zu den typischen Sonneberger Papiermaché-Spielzeugen
aus der Zeit zwischen 1850 und 1890 gehörten die verzierten sogenannten *Balgartikel*, mit denen Töne erzeugt werden konnten. Der Balg besteht aus einem an zwei Brettchen
befestigten, beweglichen Material (Leder, Stoff oder Papier).
Beim Zusammendrücken der Brettchen entweicht ein Luft-
strom, der einen Stimmechanismus zum Tönen bringt. Auf
dem oberen Brettchen wurden Figuren aus Papiermaché
angebracht, passend zur jeweiligen Stimme. Diese Quietsch-
figuren waren billige, bei den Kindern begehrte Spielwaren,
die in großen Stückzahlen hergestellt wurden.

Die Papiermaché-Hersteller versuchten mit spektakulären
Neuheiten die Kundschaft zu überraschen und auf sich aufmerksam zu machen. Sie brachten die absonderlichsten Puppen auf den Markt, die sich vor allen Dingen von anderen
unterscheiden sollten. Heute noch verblüfft die Wende-

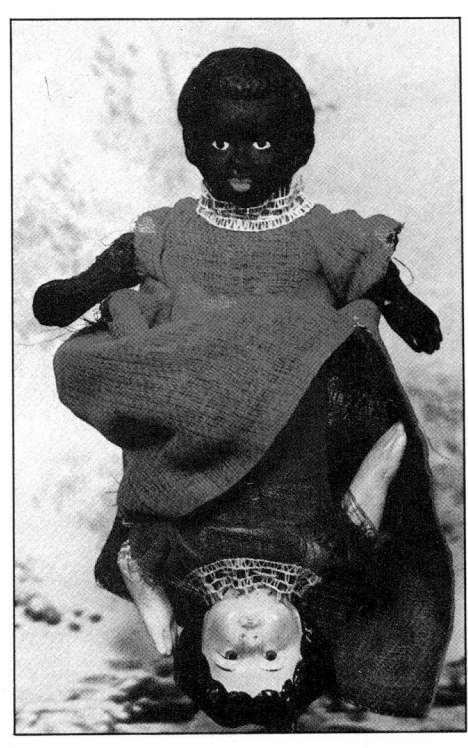

Papiermaché-Verwandlungspuppe, Abb. aus: Lydia u. Joachim F. Richter, Orientalen – Negerpuppen und Exoten, Verlag Laterna Magica, München. o.J.

puppe, die zwei oder mehr Gesichter hatte und als *Zwei Puppen in einer* angeboten wurde. Das einheimische Angebot ergänzten schließlich die Sonneberger Neger-, Chinesen-, und andere farbige Puppen, die auf Bestellung in ferne Länder exportiert wurden.

Zu den Hauptabnehmern von Sonneberger Puppen und Spielwaren zählten jahrzehntelang amerikanische Händler. Die kaum zu unterbietenden Sonneberger Preise, die deutliche Verbesserung der Puppenqualität, der Ausbau der Verkehrswege wie auch die Einrichtung von Dampfschiffahrtslinien führte die amerikanischen Händler zunehmend in den Thüringer Wald. 1877 gründeten die Vereinigten Staaten sogar ein eigenes Konsulat in Sonneberg. Diesem oblag besonders die Pflege der Handelsbeziehungen und die Betreuung der geplanten Handelsniederlassungen. Spätestens nach der erfolgreichen Weltausstellung in Chicago waren die großen amerikanischen Warenhäuser auf die Sonneberger Spielwarenproduktion aufmerksam geworden und bemühten sich um intensive wirtschaftliche Kontakte.

Anfang des Jahres 1914 lagen so viele große Aufträge vor, daß ein besonders gutes Geschäftsjahr zu erwarten war. Im Augenblick der Kriegserklärung wurden diese Aufträge fast ausnahmslos annulliert. Dies war der Beginn des wirtschaftlichen Niedergangs Sonnebergs. Erst 1916 entwickelten sich langsam neue Geschäfte mit und über neutrale Staaten. Die Jahre 1917 und 1918 hätten einen beinahe normalen Geschäftsgang haben können, wenn nicht ein empfindlicher Rohstoffmangel spürbar geworden wäre. Hinzu kam, daß nun auch die letzten männlichen Arbeitskräfte in die Armee eingezogen wurden.

Ein Zwischenhoch deutete sich an, als es 1919, nach fortschreitender Entwertung der deutschen Mark, zu sehr großen Auslandsaufträgen kam. Es zeigte sich aber, daß diese nicht ausgeführt werden konnten. Sonnebergs Ausverkauf begann – bis endlich bei einem Stand von 4,2 Billionen Mark für einen Dollar der Nullenzauber gebrochen war und viele Unternehmen der Geldentwertung zum Opfer fielen.

Unabhängig von der politischen Situation wünschen sich Kinder Puppen. Als es den Menschen nach 1918 wieder besser ging und der wirtschaftliche Aufschwung im beginnenden Maschinenzeitalter in den Städten die Nachfrage nach Luxusgütern vermehrte, stiegen auch Spielwaren und Puppen mit ihrer vielfältigen Aussteuer wieder im Kurs.

In jener Zeit begannen die Amerikaner, für den Aufbau eigener Handelshäuser in Sonneberg Grund und Boden zu erwerben und richteten sich auf gewinnbringende Geschäfte in Thüringen ein. Unter den bekannten Warenhausketten findet sich auch Woolworth, das im Jahre 1926 im ersten Sonneberger Hochhaus im Zentrum der Stadt ein eigenes Handelskontor errichtete.

Bis in die dreißiger Jahre unseres Jahrhunderts war Deutschland weltweit das Hauptproduktionsland für Spielwaren, und Sonneberg blieb das Zentrum für Papiermaché-Spielwaren. Erst der Zweite Weltkrieg und dessen Folgen brachte Sonnebergs Wirtschaft zum Erliegen. Heute gibt es keine nennenswerte Spielwarenproduktion mehr in Sonneberg.

Das Sonneberger Spielzeugmuseum

Die Idee zu einer umfangreichen Sammlung von Spielwaren, wie sie heute im Sonneberger Spielzeugmuseum ausgestellt ist, geht zurück auf die Ambitionen des Herzogs Georg zu Sachsen-Meiningen. Im Jahre 1858 veranstaltete dieser mit seinem Freund Adolf Fleischmann im neuerbauten Sonneberger Rathaus eine Kunstausstellung. Ziel war es, den ansässigen Spielzeugmachern Anregungen zu geben. Da das zu jener Zeit hauptsächlich verwendete Material Papiermaché war, bot diese Ausstellung einen Querschnitt der aktuellen Papiermaché-Produktionen. Diese zeitlich befristete Ausstellung fand großen Anklang bei der Bevölkerung und den ansässigen Handwerkern. Also verwendete »seine Hoheit der regierende Herzog Georg zu Sachsen-Meiningen mit bekanntem lebhaftem Interesse für Kunst und Kunstindustrie und fürstlicher Munifizient zugleich, ... bedeutende Summen nach Sonneberg für die Gründung eines kleinen, aber werthvollen Museums gediegener plastischer Modelle und kostbarerer Bildwerke ...«.[21]

Zu den einheimischen Produkten kamen auch Exponate aus dem Ausland. Unterstützt wurde der Aufbau der internationalen Spielwarensammlung unter anderem von der lokalen Industrieschule. Zu Beginn fand das Museum im alten Rathaus Platz, später zog die Sammlung in ihr endgültiges Domizil, das neobarocke Gebäude der inzwischen verlegten Industrieschule.

Heute verfügt das Sonneberger Spielzeugmuseum über mehr als 70.000 Exponate – Spielwaren, Musterbücher und

Produktionswerkzeuge. Ein wissenschaftlicher Schwerpunkt, der von der DDR-Regierung gefördert und unterstützt worden ist, beschäftigte sich mit der Geschichte der Sonneberger Heimarbeiter und der Thüringer Kinderarbeit.

Ein sehenswertes Stück Zeitgeschichte befindet sich im Keller des heutigen Museums: die *Thüringer Kirmes* (Abb. S. 52, 124 f.). Auf der Brüsseler Weltausstellung 1910 erregte die Sonneberger Spielzeugindustrie mit dieser großen Schaugruppe erhebliches Aufsehen. Auf vielen internationalen Wirtschaftsausstellungen waren die Sonneberger *Bossierer* und *Drücker* seit dem Ende des 19. Jahrhunderts mit Gruppenausstellungen vertreten.

Die *Thüringer Kirmes* nimmt rund 80 Quadratmeter Fläche in Anspruch. Es handelt sich um eine Szene auf einem Marktplatz. Vor einer typischen thüringischen Kleinstadtkulisse erhält der Betrachter Einblick in die Zusammensetzung der damaligen Bevölkerung – vom Eintreffen des Zirkus bis hin zu einem Blick in eine Puppenwerkstatt. Die Zuschauer auf dem Festplatz sind identifizierbare Sonneberger Persönlichkeiten – der Olivenschorsch als Musikant am Brunnen, die Lieferfrau Ernestine Brand und der Leierorgelmann Minzer. Es sind die einziehenden Zirkusleute, die Artisten, der Bärenhalter und der Trommler zu sehen, Kinder stehen um das sich drehende Karussell herum, eine bepackte Lieferfrau, ein Krauteinholer, eine Obstverkäuferin und ein Puppenmacher gehen ihren Beschäftigungen nach.

Insgesamt wurden 67, teilweise lebensgroße Figuren modelliert. Durch geschicktes Anordnen der Kulissen, dem schräg nach hinten ansteigenden Boden sowie die perspektivisch kleiner werdenden Häuser und Personen, gelang es den Organisatoren wesentlich mehr Tiefe vorzutäuschen als tatsächlich vorhanden ist.

Den Schöpfern der Szenerie gelang es meisterhaft, sowohl eine echte Kirmesatmosphäre wiederzugeben, als auch jene Erzeugnisse vortrefflich zu präsentieren, für die das Sonneberger Land in jener Zeit weltberühmt war. Die Menschen erscheinen täuschend echt, und die natürlich wirkenden

›Thüringer Kirmes‹, Sonneberg, 1910. Spielzeugmuseum
Sonneberg. © Fränkischer Ansichtskartenverlag 1992

Tiere sind teilweise bemalt, mit gefärbtem Wollstaub beklebt oder mit echten Fellen überzogen. Die meisten Figuren wie die künstlichen Früchte sind aus Papiermaché gedrückt.

Die Szenerie enthält noch dazu mechanisches Spielzeug. Das originalgroße Karussell dreht sich. Man kann die Verwunderung der Papiermaché-Kinder nachempfinden, wenn die hübschen Karussellpferde und Figuren vorbeiziehen.

Für die *Thüringer Kirmes*, die von 37 Sonneberger Spielwarenfirmen und der Industrieschule unter Leitung des Bildhauers Professor Reinhard Möller (1855 – 1922) gestaltet wurde, erhielten die Mitwirkenden verschiedene Auszeichnungen und den Grand Prix.

Spielzeugstadt Neustadt

Neustadt, die bayerische Puppenstadt in der Nähe von Coburg, liegt nur wenige Kilometer von Sonneberg entfernt. Die industrielle Weiterentwicklung Neustadts vollzog sich in ständiger handelspolitischer und produktionstechnischer Abhängigkeit zu ihrer größeren Nachbarstadt Sonneberg. Aus den Akten der Stadt Neustadt geht hervor, daß dort 1786 die ersten Puppenmacher registriert waren. Es ist belegt, daß beide Städte lange Zeit hart miteinander konkurrierten. Die Flexibilität der Thüringer Gesetzgebung hat jedoch schließlich zugunsten Sonnebergs entschieden.

Ab 1826 wurden zahlreiche Papiermaché-Fabriken in Neustadt und Umgebung errichtet. Da die Konkurrenz mit Sonneberg einen harten Kampf bedeutete, suchten die Neustädter nach Marktlücken und spezialisierten sich auf solche Papiermaché-Artikel, die in Sonneberg nicht hergestellt wurden. 1845 wurden in Neustadt die ersten Attrappen (*Füll- und Scherzartikel)* für Halloween und Ostern aus Papiermaché hergestellt. Diese Attrappen wurden zu dem typischen Papiermaché-Artikel des Coburger Landes. Bis heute produziert die Neustädter Attrappenindustrie, auch wenn das Papiermaché völlig von Kunststoffen abgelöst wurde.

Auch in Neustadt wurden die *Bossierer* in einer innerbetrieblichen Lehre ausgebildet. Dies geschah ab 1848 in einer eigens eingerichteten Zeichen- und Modellierschule, die ab 1901 ihren Namen in Industrie- und Gewerbeschule änderte. Auch sie existierte wie die Nachbarschule in Sonneberg unter unterschiedlicher Trägerschaft bis 1945 mit dem Ziel, qualifizierten Nachwuchs für die ansässige Spielzeugindustrie auszubilden. Hier wurde nicht nur Wert auf eine künstlerische, sondern auch auf eine kaufmännische Ausbildung gelegt. Fächer wie Malen, Zeichnen, Modellieren, Holzschnitzen, Anatomie, Perspektive, Stillehre und Kunstgeschichte, aber auch kaufmännisches Rechnen und Buchführung gehörten zum Lehrstoff. Die Schüler konnten zwischen den Ausbildungsschwerpunkten *Bossierer*, Puppenmacher und Modelleur wählen.

Das Blatt hat sich für beide Städte in den fünfziger Jahren gewendet, als Sonneberg und Neustadt nicht nur durch eine Stadt- und Ländergrenze, sondern auch durch die unpassierbare Landesgrenze beider deutscher Staaten getrennt wurden. Befruchtet vom ehemaligen Handel und der Wirtschaft des vor dem Kriege erfolgreichen Sonnebergs, entstanden in dem wenige Kilometer entfernten Neustadt nach dem Mauerbau 1961 zahlreiche Spielwaren- und Papiermaché verarbeitende Fabriken, die von den Erfahrungen der Nachbarstadt und den Spezialisten des Puppengewerbes profitierten; viele zogen nach der Abriegelung der Grenze von Sonneberg nach Neustadt.

Peter Packert, zwei Handpuppenköpfe, Neustadt, um 1950

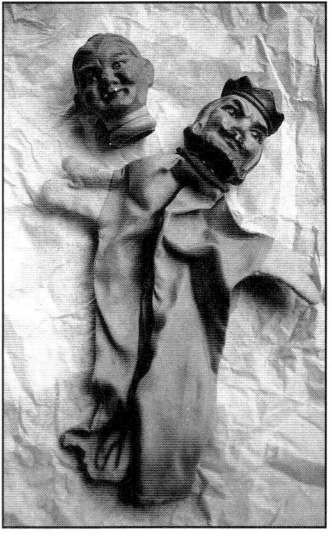

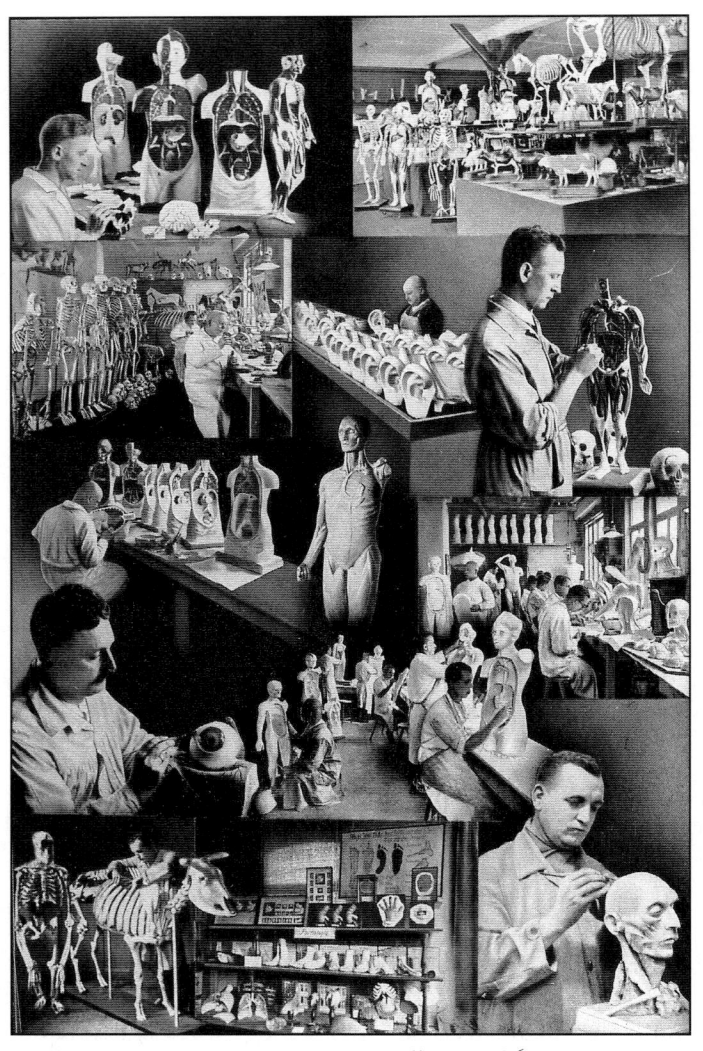

Die SOMSO-Lehrmittelwerkstätten, Collage, 1936

Noch heute gibt es in Neustadt zahlreiche Puppenfabriken, von denen allerdings keine mehr das nun schon historische Material Papiermaché verwendet. Einen Fachmann auf dem Gebiet des Papiermachés allerdings gibt es dort noch: den Puppendoktor Peter Packert. Er besitzt eine interessante Sammlung alter Puppen und Puppenteile aus Papiermaché, sammelt historische Papiermaché-Waren und fertigt noch heute mit historischen Werkzeugen und Formen Puppen, Puppenteile und Masken aus Papiermaché in alter Manier.

Sonneberger Anatomische Modelle

In Sonneberg wurden nicht nur Puppen und Spielwaren aus Papiermaché hergestellt, das Material eignete sich auch hervorragend für viele andere Zwecke.

Am 17. 7. 1876 gründete Marcus Sommer in Sonneberg die *SOMSO-Lehrmittelwerkstätten.* Sommer begann mit der Anfertigung künstlicher Früchte und mit der Imitation von Gerippen in Papiermaché zu Lehrzwecken. Seine anatomisch-biologischen Modelle kamen auf den internationalen Messen so gut an, daß der Betrieb schnell vergrößert wurde und sich besonders auf anspruchsvolle anatomische Lehrmodelle für wissenschaftliche Institute, Sammlungen, Schulen und den Zeichenunterricht in Berufs- und Fachschulen spezialisierte. Die Firma bot dreidimensionale Nachbildungen des menschlichen Körpers an, von Körperteilen und Organen, die zur besseren Anschaulichkeit auseinandernehmbar waren; aber auch zoologische und botanische Modelle (Abb. S. 56). Darüber hinaus verkauften die *SOMSO-Lehrmittelwerkstätten* auch zahlreiche Imitationen für den Dekorationsbedarf: papierne Früchte, Gemüse und Lebensmittel, gekochte Gerichte wie Eisbein oder Sauerbraten, Leberwürste und vieles mehr.

Für die Herstellung komplizierterer Modelle, die dem Original möglichst ähnlich sein sollten und oft aus vielen Einzelteilen bestanden, benötigte der Modelleur neben künstlerischem Geschick auch fundierte anatomische Kenntnisse.

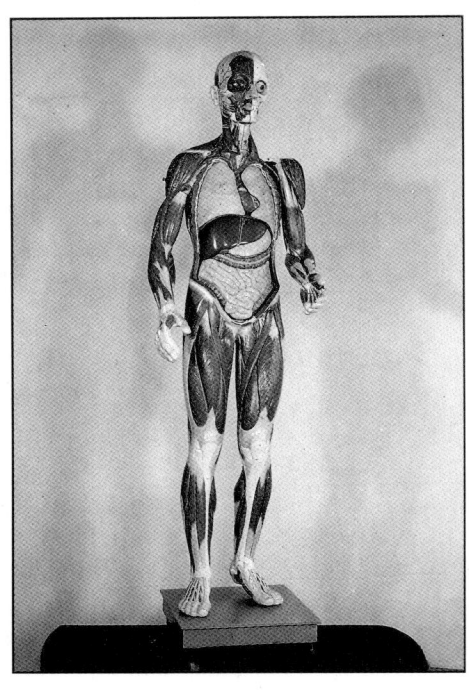

Anatomisches
Modell: Mann,
SOMSO, 1936

Sommer stellte einen der besten Fachleute auf diesem Gebiet ein. M. Karl Hagedorn, der Erster Präparator am Anatomischen Institut in Leipzig gewesen war, verbesserte mit Sorgfalt im Detail die anatomischen Modelle, so daß sie die Wirklichkeit fast naturgetreu wiedergaben.

Auch in der Berufsausbildung von Zahnärzten spielte Papiermaché eine nicht unwesentliche Rolle. Das Bohren übten die zukünftigen Dentisten nicht am lebenden Objekt, sondern am Papiermaché-Musterkopf. Hier konnten verschiedene auswechselbare gesunde und kranke Papiermaché-Gebisse zur Übung eingelegt werden.

Die SOMSO-Werke wurden zu DDR-Zeiten zu einem volkseigenen Betrieb (VEB), dem *Anatomischen Lehrmittelwerk Sonneberg*. Der Katalog aus den sechziger Jahren zeigt,

Lebensmittel-Imitationen, Abb. aus: Naturgetreu..., dreisprachiger Prospekt, Deutscher Innen- und Außenhandel Berlin C2 für die Waren des VEB Anatomisches Lehrmittelwerk Sonneberg, DDR

was in der DDR für den Eigenbedarf und den Export aus Papiermaché angeboten wurde: Bockwürste, Leberwurst, halbe Ringel, Blutwurst, Karotten, Zwiebeln, Spiegeleier, Camembert, gebratenes Kotelett und vieles andere mehr. Diese Lebensmittelimitationen wurden im *Papiermaché-Gießverfahren* hergestellt. Viele davon wurden noch bis Ende der sechziger Jahre in Heimarbeit gefertigt.

1952 gründete die Familie Sommer im nahegelegenen westdeutschen Coburg erneut ein neues SOMSO-Werk, das ebenso wie die Sonneberger Werkstatt anatomische Modelle produzierte. Das umfangreiche Sortiment von Papiermaché-Objekten wurde zunehmend von Kunststoffmodellen abgelöst, deren Hauptvorteil in der noch größeren Haltbarkeit und besseren maschinellen Verarbeitung lag. Heutzutage werden alle anatomischen Modelle und Imitationen in Kunststoff gepreßt.

Masken und Handpuppen

In Sonneberg wurden seit Beginn des 19. Jahrhunderts auch Masken aus Papiermaché gedrückt. Möglicherweise ist der

131

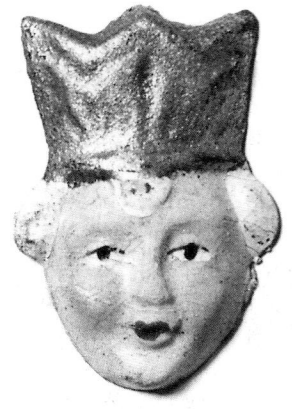

Vier Masken (hohlgedrückt), um 1930. Museum der Deutschen
Spielzeugindustrie, Neustadt

Ursprung der Maskenmacherei Thüringens in den historischen Handelsbeziehungen zwischen Venedig und Nürnberg zu suchen. Denn in Oberitalien, wo das Volk bereits
sehr früh Karneval feierte, ist die Verfertigung von »allerley
Larven ... von Papierzeug« schon vor 1650 bekannt gewesen.

Daß »die Maskenherstellung anfänglich nur in den Gegen-
den der Spielwarenerzeugung und nicht an den Brennpunk-
ten des Karnevals, im Rheinland oder Bayern, anzutreffen«[22]
war, muß wohl an der produktionstechnischen Verwandt-
schaft zwischen der Masken- und der Spielwarenindustrie
liegen.

Ganze Dörfer rund um Sonneberg spezialisierten sich seit
der ersten Hälfte des 19. Jahrhunderts auf die Masken- und
Karnevalsindustrie. Einige Manufakturen fertigen nur Nebel-
hörner an, Klatschen oder Scherzartikel, wieder andere
waren ausschließlich mit der Herstellung von Papiermützen,
Masken oder anderen Karnavalsdekorationen beschäftigt.

Die Grundform einer Maske wurde von Modelleuren aus
Ton geformt und dann in Gips gegossen. Für die einfachen
Gesichtsmasken verwendete man meist Positivformen, für
die riesigen, in Karnevalsumzügen beliebten Aufsetzköpfe
aber bevorzugte man Hohlformen. Auch bei den übrigen

Karnevalsartikeln, Hüten, Nasen u.ä., stand die Herstellung von Gipsformen am Anfang. Die Heimarbeiter verfügten zur schnelleren Produktion meist über 72 gleiche Formen (soviel wie ein halbes Gros).

Zwei Schichten nasses, in Kleisterstärke eingeweichtes Papier wurden auf die mit Fett eingeschmierte Model aufgelegt und sorgfältig festgedrückt. Die erstarrte Form wurde nach dem Trocknen von der Form gelöst und weiterverarbeitet: geschliffen, bemalt und gegebenenfalls beklebt.

Die Maskenherstellung begann in Sonneberg und Umgebung zunächst als saisonbedingter Nebenzweig der Puppenmacherei. Wie bei den Bossierern und Fertigmachern in der Puppenmacherei kam auch bei den Maskenmachern das Gewerbe der *Drücker* und *Garnierer* auf. Mitte des 19. Jahrhunderts hatte sich die Produktion bereits so stark ausgeweitet, daß eigene Maskenfabriken eingerichtet wurden. In Schalkau eröffnete Carl Fischer 1850 eine Maskenfabrik, die bis 1904 bestand und Papiermaché- und Gazemasken überwiegend nach Italien und Frankreich verkaufte. Zwölf Jahre später eröffnete Georg Spindler die erste Sonneberger Maskenfabrik, und ihr folgten viele weitere.

Anders als die Spielwaren wurden die Masken und Saisonartikel hauptsächlich über Kataloge verkauft. Diese waren

Hörnchen und Geweihe.

	Paar	10 Paar
Nr.	ℳ ₰	ℳ ₰
1051. **Bockhörnchen,** 8 cm lang, für Faun usw.	1 80	16 75
1052. **Desgl.,** 18 cm lang	2 25	20 —
1053. **Desgl.,** 26 › ›	2 40	21 —
1055. **Teufelshörnchen,** 15 cm lang, naturfarben	2 50	23 —
1056. **Desgl.,** 15 cm lang, golden	2 40	22 —
1060. **Hirschgeweihe,** 30 cm hoch, extra fest gearbeitet	6 50	62 —
1061. **Desgl.,** 38 cm hoch, extra fest gearbeitet	6 75	66 —

›Hörnchen und Geweihe‹, Abb. aus: Über Karneval- und Theaterkostüme, Maskenschmuck, Waffen etc., Katalog der Firma Neumann & Co, Dresden, Reprint Hildesheim/NY, 1978

anfänglich liebevoll gestaltet: Viele der früheren Musterbücher waren handgemalt und mit Klappkarten versehen. Die meisten Typen wurden aus den historischen Karnevalszentren aufgegriffen. So hat beispielsweise der italienische Karneval beim Entstehen der Thüringer Maskenindustrie und der dort fabrizierten Harlekine, Dominos und Tierlarven (besonders der Hähne) Pate gestanden.

In einem 61 Seiten starken Katalog bot die Firma Ohrdrufer um 1900 unter anderen folgende Artikel aus Papiermaché an: »Nasen; Hohlaugen; Halbmasken; Domino-Halbmasken; Papiermasken unlackiert, lackiert, wachsiert; Papiermasken mit Haarbesatz; Papiermasken mit langen Nasen; Papiermasken, Charaktersortimente ohne und mit Besatz; Papiermasken mit beweglichen Augenlidern; Papiermasken: Clown, Eremiten und Mönche, mit Flachs- und Wollbärten; Papiermasken: Teufel, Tiere, wilde Völkermasken und Kindermasken; Aufsetzköpfe: Menschen und Tierköpfe; Dekorationsmasken; Karnevals- und Scherzartikel; Kopfbedeckungen.«

134

Die Kataloge geben Einblick in den Zeitgeschmack und die jeweilige Mode: Die aktuellen Bart- und Kragenmoden der Herren, die Hauben und Frisuren der Damen sind im karikierenden Zerrspiegel wiederzuerkennen.

Beliebt waren auch Masken, die Volkstypen aus fremden Ländern darstellten: Indianer, Chinese, Eskimo und Japanerin, Neger und Türke. Sie waren bereits auf höfischem Festen der Renaissance und des Barock üblich. Der Stolz vieler Modelleure und Fabrikanten war aber die Produktion der sogenannten *Charakterköpfe*. Hier konnten Spott und Kritik ihren Niederschlag finden: als Xanthippe und Stubenmädchen, zerstreuter Professor, Landstreicher und Trottel, Polizist und General, Lohndiener oder Herr Direktor. Während des Karnevals konnten unerfüllte Wünsche wahr werden, oder man durfte den einen oder anderen karikierend auf die Schippe nehmen.

Viele Betriebe hatten sich besonders auf den internationalen Exportmarkt und die unterschiedlichen Bedürfnisse der einzelnen Länder eingerichtet. Mit einer durchschnittlichen Exportquote von mehr als dreiviertel der Gesamtproduktion (82% im Jahr 1938)[23] ist die Maskenindustrie eine typische Ausfuhrindustrie gewesen. Für das Halloween-Fest, welches im Oktober in den angelsächsischen Ländern gefeiert wurde, kamen Bestellungen aus England, Amerika und Irland für tausende Gros Masken. In Nordamerika waren die Typen *Glotzauge* und *Tod* besonders gefragt, Dänemark bevorzugte *Langnasen* und Frankreich *Aufsetzköpfe* und *Riesengestalten*.

Eine Vielzahl von Typen wurde im Laufe der Zeit immer wieder aufgegriffen. Zu den ältesten gehören *Harlekin* und *Columbine*, *Kasperle* und *Grete*, *Gutmann* und *Gutweib*, *Herr* und *Dame*, die in traditioneller Gestalt mit leichten modischen Veränderungen in jedem Katalog anzutreffen sind.

Diese Typen finden sich auch bei den Papiermaché-Figuren, die in Puppen-Theatern mitwirken. Bereits im 17. Jahrhundert fuhren die Puppenspieler mit ihren Reisetheatern

durch die Dörfer. Auch sie verwendeten zunehmend Papiermaché statt Holz, um die Typen ihrer Puppentheater zu gestalten. In der Commedia dell'arte taucht zuerst die bekannte Figur des *Pulcinella* auf, eines rauflustigen Gesellen. In England heißt die entsprechende Figur *Punch*, in Rußland *Petruschka* und bei uns heißt er *Kasperl;* der französische Kasperl-Nachfolger heißt *Guignol.* Die Figuren und deren Charaktere haben sich im Laufe der Jahrhunderte fast nicht gewandelt, ebenso wenig wie die Formen der beiden *Marotten* oder Stabpuppen aus Papiermaché, der Hahn und die alte Frau (Abb. S. 166).

Kunststoffe verdrängten in den fünfziger Jahren unseres Jahrhunderts das Papiermaché, und die Hersteller von Karnevalsbedarf, Masken und Dekorationen stellten ihre Produktionen auf Plastikwaren um.

Englische Handpuppe, Punch, 20. Jh. Puppentheatermuseum im Münchner Stadtmuseum. Photo: Bildarchiv Hansmann, München

Neue Verfahrenstechniken

Papiermachépuppen mit Wachsüberzeug

Die gewöhnlichen Papiermaché-Puppen waren Mitte des 19. Jahrhunderts noch sehr grob in der Verarbeitung. Heinrich Stier versuchte einen Rohstoff zu entwickeln, der sich zum einen noch besser als Papiermaché formen läßt und darüber hinaus weitestgehend wasserunempfindlich ist. Stier hatte in Amerika die Kunst der Wachsblumenherstellung gelernt und versuchte nun, seine Kenntnisse in Sonneberg für die Puppenfabrikation zu nutzen.

Er erfand schließlich ein Verfahren, die Vorteile von Papiermaché und Wachs in der Puppenherstellung zu verbinden. Mit dem Ergebnis konnte er zufrieden sein. Seine Papiermaché-Puppen galten als besonders schön modelliert und bemalt, und zeichneten sich durch ihr lebendiges Aussehen aus.

Die aus Papiermaché angefertigten Puppenkörper und -köpfe wurden mit einem, dem weichen Farbton der menschlichen Haut täuschend ähnlichen Anstrich versehen. Der Kopf erhielt anschließend einen dünnen wächsernen Überzug, dessen genaue Zusammensetzung ein Familiengeheimnis blieb. So wurde das Gesicht mit Wasser, selbst mit Seifenwasser abwaschbar, ohne an Farbe zu verlieren oder das Material zu schädigen.

Um die Herstellung auch in größerem Umfang realisieren zu können, mußte Stier um besondere Erlaubnis des herzoglichen Ministeriums in Meiningen bitten. Die Sonneberger Bossierzünfte hatten ihm die Genehmigung für die Herstellung der wachsüberzogenen Papiermaché-Puppen versagt mit der Begründung, diese Produktionsweise und das verwendete Material seien mit ihren Statuten nicht vereinbar. Stier erhielt schließlich seine Konzession von höchster Stelle und konnte seinen Betrieb aufgrund der geschäftlichen Erfolge schnell erweitern. Am 28. Februar 1878 stellte Heinrich Stier die Herstellung der sogenannten waschbaren Puppen und Puppenköpfe unter Musterschutz, um sich vor möglichen Nachahmern zu schützen.

In der Familienchronik heißt es:»Bemerkt sei noch, daß diese Puppenkörper und -köpfe jedem Klima widerstehen, daß sie nicht in der Hitze [...] erweichen und daß sie auch nicht, wie die meisten Wachspuppen, in der Kälte sprüngig werden. Sie gelangen auch unter der Bezeichnung ›waschbare Biskuit-Facon‹ in Länder aller Klimabereiche zur Ausfuhr.« Schon nach wenigen Jahren waren Stiers Wachsköpfe in den Spielwarenläden der ganzen Welt zu finden.

Papiermaché-Puppen mit Wachsüberzug wurden gegen Ende des 19. und zu Beginn des 20. Jahrhunderts oft imitiert. Bei der Fabrikation von Wachspuppen unterscheidet man zweierlei Verfahren: Wachspuppen, bei denen man die rohen Papiermaché-Köpfe und teilweise auch die Glieder fleischfarben anstreicht und dann durch Eintauchen mit geschmolzenem Wachs überzieht, oder Puppen, bei denen die fleischfarbene Wachsmischung in Formen gegossen wird und dann innen eine Einlage aus Papiermaché erhält, um die Köpfe haltbar zu machen. Letztere können feiner bearbeitet werden, da die Wachsschicht dicker ist. Sie sind aufwendiger in der Herstellung und um einiges teurer.

Gegossenes Papiermaché

Andere Papiermaché-Verarbeiter machten Anleihen bei der Porzellanherstellung. Papiermaché ähnlich wie Porzellan zu gießen, war schon gegen Ende des 19. Jahrhunderts der Wunschtraum vieler Fabrikanten. Die Vorteile bestanden darin, schneller größere, leichtere und dünnwandigere Artikel zu produzieren und damit die Auflagen zu erhöhen. Nach den ersten Versuchen gewann ab etwa 1898 die Papiermaché-Gießerei in der Puppenfabrikation zunehmend Bedeutung. Für diese Art der Verarbeitung mußte in größerem Stil investiert werden. Die Maschinen wurden immer komplizierter und aufwendiger, denn nur so konnte man möglichst viele Teile in kurzer Zeit fertigen.

Eine gießfähige Papier-maché-Masse setzte sich in etwa folgendermaßen zusammen: Lumpenpapier (zerrissen und gekocht), Tonerde (Kippendorfer Ton) sowie tierischer Leim und Soda. Auch hier hatte jeder Fabrikant sein eigenes Geheimrezept für das jeweilige Mischungsverhältnis der einzelnen Ingredienzen.

Gemeinsam war allen gießfähigen Papiermaché-Breien die aufwendige Zubereitung. Das zerkleinerte und zerkochte Lumpenpa-

Papiermaché-Gießer

pier wurde in einer Trommelmühle mit Wasser zu einem flüssigen Brei vermengten Ton gegeben und in der Mühle vermischt. Nach dem Hinzufügen von Soda und Leim, war der Grundstoff gebrauchsfertig.

Gegossen wurde die Masse in saugfähige Gipsformen, die aus zwei Hälften bestanden und mit einer Füllöffnung versehen waren. Der Gips saugte die Flüssigkeit aus dem Papierbrei, dieser verdichtete sich und setze sich wie bei der Porzellanherstellung an der Gipswand als Schicht ab. Je nachdem, wie dick die gewünschte Papierschicht werden sollte, ließ man den Brei längere oder kürzere Zeit anziehen. Der überflüssige Rest wurde zurückgegossen und weiterverarbeitet. War der Guß fest und ausreichend formbeständig, wurde er aus der Form genommen und entweder an der Luft oder in speziellen Räumen getrocknet. Nach dem Trocknen mußten die Grate entfernt und die Gußnähte verschliffen werden. Das Werkstück war für die Fertigmacherei bereit.

Man muß zwei verschiedene Herstellungsverfahren für den Papiermaché-Guß unterscheiden: eine *massive Ausführung* für kleine und billige Puppenteile, aber auch für kleinere Puppenköpfe und die *hohlgegossene Ausführung* für größere Puppenteile und -köpfe. Das Gießen erlaubte zwar eine ziemlich rationelle Herstellung, und die Formen, die entstanden, waren sehr fein, jedoch waren die gegossenen Papiermaché-Teile recht bruchempfindlich.

Verschiedene Hersteller in und um Sonneberg versuchten sich auf dem Gebiet des Papiermaché-Gießens. E. Escher aus Sonneberg ließ am 15. Juli 1880 die »Herstellung von Puppenköpfen etc, mittels einer aus Papierbrei und mineralischen Stoffen bestehenden gießbaren Maße« unter der Nummer Nr. 12547 patentieren. Die von Martin Heidler, einem ausgebildeten Modelleur und *Bossierer* aus Neustadt, 1894 hergestellte gießfähige Papiermaché-Masse wurde noch in den dreißiger Jahren für die Spielzeugherstellung verwendet.

Das Ende der Papiermaché-Industrie

Die Produktionspalette der Papiermaché-Waren änderte sich um 1900 enorm. Die dem Zeitgeschmack entsprechende Nachfrage führte gegen Ende des vorigen Jahrhunderts dazu, daß das Spielzeug aus Papiermaché mit Plüsch, Pelz, Leder, Stoff oder Filz überzogen wurde. Insbesondere in Übersee waren derartige Figuren sehr beliebt. Puppen, das Haupterzeugnis Sonneberger Spielzeugindustrie, wurden zunehmend aus anderen Materialien gefertigt. Wachs, Celluloid und verschiedene Kunststoffe lösten Holz, Brotteig und Papiermaché ab. Die Puppen nahmen mehr und mehr die Gestalt von Menschen an, mußten beweglich sein und bekamen Stimmen.

Die Sonneberger Handels- und Gewerbekammer zählt die vielen Produkte auf, die kurz vor dem Ende des Papiermaché-Zeitalters auf dem Markt waren: »Von den billigsten Artikeln bewegen sich diese (Papiermaché) Waren bis zu den feinsten Gegenständen. Einfache Bewegungen durch Draht, Gummi bis zu complicirten mechanischen Einrichtungen:

Stimmen durch einfache Bälge hervorgebracht, bis zur Nachahmung der Menschen- und Thierstimmen, Thiere aller Art, voran Pferde, Hunde, Katzen, Schafe und Vögel, als Hauptspielzeug für Knaben und Mädchen in billigster Art bis zu solchen mit natürlichen Fellen und Federn und solchen in naturgetreuen Nachbildungen zoologischer Gärten und Menagerien, Führwerke, vom geringen Karren bis zur feinsten Equipage, Eisenbahn-, Omnibus-, Fracht- und Oekonomiewagen aller Art, Figuren vom geringsten Harlekin bis zu kunstmässig ausgestatteten portraitähnlichen Statuen, Militair in allen Arten, Kriegsgruppen, komische, satyrische und politische Figuren, Krippen und Weihnachtsmänner, Weihnachtsengel u.s.w. in grosser Verschiedenheit der Ausstattung und der Bewegungsweise vorzugsweise aber die Puppen, diesem hauptsächlichen Spielzeuge der Mädchen in allen Qualitäten, Grössen und Sorten, namentlich aus Papiermaché, sind das Feld, auf dem sich die hiesige Spielwaaren-Industrie bewegt.«

Papiermaché-Säule mit vergoldeten Ornamenten. Schloß Ludwigslust

Eine vollständige Liste aller Gegenstände, die aus Papiermaché gefertigt wurden, von denen aber nur die wenigsten in Serie gingen, liest sich zum Teil wie eine Kuriositätensammlung oder ein Verzeichnis erfolgloser Patentanträge. In der Hochblüte des Papiermachés aber wurden sämtliche Experimente ernst genommen. Wen wundert, daß die Schlittschuhbahn aus Papiermasse ebensowenig zum Einsatz gekommen ist wie die Papiermaché-Osterhasenverkleidung für Hühner

– mit spezieller Färbeeinrichtung am hinteren unteren Ende?

Schon ab der Mitte des 19. Jahrhunderts, nahm die Beliebtheit des Papiermachés zusehens ab. Die Erfindung der Kunststoffe verdrängte die meisten Papier- und Papiermaché-Artikel weitgehend vom Markt. Die moderne Kunst bediente sich anderer Materialien, und auch die zeitgenössischen Trompe-l'œil-Objekte sind aus Plastik.

Eine gewagte Theorie schreibt der Kleidermode die Schuld am Untergang des Papiermachés zu. Kann sie das Ende der Galanteriewaren aus Papiermaché eingeläutet haben?

Ende des 19. Jahrhunderts trug die feine Dame ein Krinolinenkleid. Die Säume der weiten drahtverstärkten Röcke wippten elegant auf und ab. Die Möblierung bestand aus einem leichten Papiermaché-Stuhl (auf dem ein solches Kleid übrigens keinen Platz fand), einer eleganten vergoldete Papp-Säule, dekoriert mit einer feinen Papiermaché-Vase, einem zierlichen Papiermaché-Beistelltisch, darauf federleichtes Teegeschirr. Man stelle sich nun eine durch das Zimmer rauschende Dame mit Krinolinenkleid vor – und den Luftzug, den dieses Kleid verursacht. Haben die Krinolinen dem Papiermaché den Todesstoß versetzt?

Die leichten Tischchen wurden, wenn sie die ersten Stürze überlebt hatten, in die Ecken verbannt und endeten schließlich im Kamin. Ähnlich erging es dem Papiermaché-Geschirr, den Vasen und den Säulen, die einem modischen Windhauch keinen Widerstand bieten konnten. Die zierlichen Stühle schob man ins Schlafzimmer, wo sie die Aufgabe des stummen Dieners übernahmen, bis sie unter dieser entwürdigenden und schweren Arbeit zusammenbrachen. War dies vielleicht das Ende der Papiermaché-Möbel?

Traditionelles Kunsthandwerk und moderne Gestaltung

Volkskunst in fremden Kulturen

China

Die Papierherstellung kommt aus China. So liegt es nahe, daß dort die Papiermaché-Kunst ebenso bekannt war. Die chinesischen Lackarbeiten sind weltberühmt; das, was darunter steckt, bleibt oft im Verborgenen. Meist war das Trägermaterial für die aufwendigen Malereien hartes Holz, aber nicht selten finden wir hier auch Papiermaché. Ein Beispiel für die handwerklichen Fähigkeiten der chinesischen Künstler stellt eine Räucherwerkdose in Form zweier vollplastischer Granatäpfel aus dem 18. Jahrhundert dar.

Auch chinesische Kinder spielten gerne mit Puppen. Zwei kunstvoll geformte chinesische Puppen, die gegen Ende des vergangenen Jahrhunderts angefertigt wurden, zeigen die damalige Qualität der Puppenherstellung und -dekoration in China.

Räucherwerkdose
in Form von zwei
Granatäpfeln,
China, 18. Jh.
Museum für Lack-
kunst der BASF
Lacke + Farben
AG, Münster

143

Chinesische
Puppe, Abb. aus:
Lydia u. Joachim F.
Richter, Orientalen-
Negerpuppen und
Exoten, Verlag
Laterna Magica,
München o.J.

Japan

Ein besonderes Verfahren, mit Papiermaché zu arbeiten,
heißt in Japan *Ikkanbari*. Eine Legende besagt, daß es nach
dem chinesischen Lackierer Hirai Ikkan (1578–1657)
benannt ist, der aus China nach Japan einwanderte und die
Kenntnis der Fertigung von Papiermaché-Lackmöbeln aus
seinem Heimatland nach Japan mitgebracht hat. Bis heute
hat sich die Kunst der japanischen Lackmalerei auf Papiermaché erhalten.

Die am häufigsten in Japan angewendete Technik besteht
darin, Objekte zu formen, indem mehrere Lagen Papier über
einen inneren Kern übereinandergeklebt werden. Schon im
8. Jahrhundert war diese Technik bekannt, als japanische
Mönche mit einem Papierrohstoff, nämlich mit Hanfzeug,
Großplastiken auf einem inneren Gerüst formten (*dakka-*

nishitsu = Hohltrockenlack-Verfahren). Später benutzte man herfür Papier, welches ebenso wie das Hanfzeug über eine Form geklebt wurde, wobei das Papier jedoch nicht in Lack, sondern in einen Saft aus Farrenkrautwurzel und unreifer Kakis (Persimonen, japanische Feigenpflaumen) getaucht wurde. Durch die außerordentliche Zähigkeit der japanischen Pflanzenmarkpapiere verfügen die alten Papiermaché-Arbeiten bis heute über eine ganz besondere Festigkeit. Solche Figuren stellten in unterschiedlicher Größe japanische Gottheiten oder Privatpersonen dar.

Japanische Papiermaché-Objekte sind nicht nur einfach bunt bemalt. Die Künstler haben darüber hinaus vielfältige Möglichkeiten entwickelt, andere Materialien zu imitieren:

Statue aus der Edo-Zeit, Japan. Abb. aus: Edo no Kami zaiko, Seibundo Shinkosha Publishing Co., Tokio

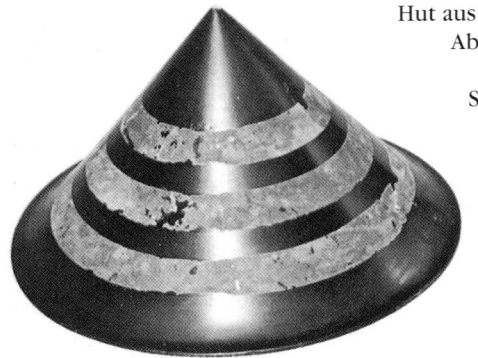

Holz, Baumrinde, Bambusrohr, abgefallene Blätter, Leder
oder alte Bronzen, poliertes Eisen usw. Um dies zu erreichen, malten sie die Figuren entsprechend an, beklebten sie
oder dekorierten sie mit Perlmutt.

In der Edo-Zeit (1615 – 1868) hatte die japanische Papiermaché-Kunst ihren Höhepunkt erreicht. Papiermaché-
Kunstwerke waren so phantasievoll und zahlreich wie nie
zuvor. Diese Pracht und Vielfalt der teilweise kuriosen
Objekte aus Papier ist später nicht mehr erreicht worden.
Erhaltene Papiermaché-Objekte aus der Edo-Zeit sind zum
Beispiel Helme, die entweder als Kriegerhelme, als zeitge-
mäße modische Kopfbedeckung oder als Bestandteil traditioneller Trachten getragen
wurden. Darüber hinaus
fertigten die Japaner in
jener Zeit Sonnen-
und Regen-
hüte an,

146

Spielwaren, Rasseln, Schachteln, Verpackungen von optischen Instrumenten (Lupe, Mikroskope), Geschirr und Statuen aus Papiermaché.

Masken sind schon im Japan des 17. Jahrhunderts bekannt gewesen. Zum Verkleiden, fürs Theater, zum Tanz und für die traditionellen Feste gibt es immer noch unendlich viele verschiedene, ausdrucksvolle Papiermaché-Masken. Wegen der besseren Haltbarkeit sind allerdings die Papiermaché-Masken von den Holzmasken abgelöst worden.

Im frühen 19. Jahrhundert, als in Deutschland die Wackelkopf-Figuren aufkamen, waren diese auch in Japan bekannt. Als Hund, Tiger oder Ziege sollten sie böse Geister fernhalten. Noch heute dienen diese Figuren als Vorbilder für zeitgenössisches Papiermaché-Spielzeug.

Behälter für Schreibfedern,
Persien, 1. Hälfte des 19. Jh.
Museum für Lackkunst der BASF
Lacke + Farben AG, Münster

Bis in unsere Zeit wird in Japan viel mit Papiermaché gearbeitet. Papiermaché-Löwen, -Füchse und -Ochsen sind Opfergaben in Gottesdiensten. Die zeitgenössischen Papiermaché-Waren beziehen sich meist auf klassische, altbekannte Formen. Die *Stehauf-Puppen* karikieren den Gott Bodhidharma. Die Vorbilder dieser Daruma-Puppen, die besonders zur Neujahrszeit als Glücksbringer beliebt sind, waren schon zu Beginn des 14. Jahrhunderts bekannt. Die Puppen bestehen aus einem Ton- oder Holzkern, um den übereinandergeklebte Papierstreifen gelegt sind. Wenn die Papierschicht trocken ist, wird der Tonkern zerschlagen und die Scherben aus einer freigelassenen Öffnung herausgeschüttelt. In die Öffnung der unten abgerundeten Figur wird ein Gewicht gelegt, damit die Stehauf-Figur sich immer wieder aufrichtet. *Der spuckende Wal auf Rädern* war ein Symbol für den Widerstand gegen die Christianisierung. Das Spielzeug geht auf ein ähnliches Motiv aus der Edo-Periode zurück. Ähnliche Tierfiguren finden heute noch viele Liebhaber und Käufer.

In Japan spielt Papier im Alltag eine wesentliche Rolle. Einfacher und aufwendig verzierter Hausrat aus Papiermaché wird bis heute hergestellt – meist sind die Papiermaché-Tabletts, -Dosen und -Teegeschirre in traditioneller Weise lackiert.

Philippinen und Taiwan

Viele kunstgewerbliche Papiermaché-Gegenstände, die es heute in Europa billig zu kaufen gibt, stammen von den Philippinen oder aus Taiwan. Dort ist das Arbeiten mit Papiermaché ein beliebter und einträglicher Gewerbzweig. Die Rohstoffe, Altpapier und Kleister, sind wie die Arbeitskräfte billig, und es bedarf keiner teuren Ausstattung für eine Werkstatt oder Fabrik. Meist wird Zeitungspapier benutzt, welches die Arbeiter streifenweise in den Hohlformen übereinanderkleben. Die beiden Hälften einer Papiermaché-Figur werden anschließend zusammengeklebt und phantasievoll bunt bemalt. Beliebt sind bunte Tiere wie zum Beispiel Pferde, Hunde, Dinosaurier, aber auch Puppen, Schachteln und Kinderrasseln (Abb. S. 110).

Persien und Kaschmir

Das Verbot Mohammeds, Gottes Schöpfung und somit auch den Menschen im Bilde wiederzugeben, hatte in der islamischen Kunst alle gestalterischen Kräfte auf die Ornamentik gelenkt. Ein weiteres Verbot, Geräte aus Edelmetall herzustellen oder sie mit Edelsteinen zu verzieren, brachte die persischen Handwerker dazu, alternative und im Islam erlaubte Techniken zu erfinden. Ganz offensichtlich wurden dabei häufig die luxuriösen, aber verbotenen, Werkstoffe imitiert, so daß die Kopien oft sogar noch schöner waren als die Originale. In strenger Befolgung der Koranvorschriften hatte sich eine höchst eigenständige Kunst entwickelt. Die Faszination lag in der feingliedrigen Ornamentik bei den Gegenständen des alltäglichen Gebrauchs wie zum Beispiel Schreibfederschachteln, Füllerbehältern, verschiedenen Spiegelfutteralen oder Büchsen für Festtags-Gebäck, verziert mit einem Fries von Narzissen und Rosen.

Auch in Kaschmir gehören Papiermaché-Objekte seit dem 15. Jahrhundert zur Volkskunst. Zu Beginn wurden vorwiegend Kästchen aus Papiermaché hergestellt, bald kamen aber auch andere Dinge wie Lampenschirme, Wandreliefs oder Schmuck hinzu. Die Produkte aus Kaschmir zeichnen sich besonders durch ihre Formenvielfalt aus, wie zum Beispiel eine achteckige Papiermaché-Dose aus dem 19. Jahrhundert zeigt.

Mexiko

In Mexiko gehört das Papiermaché heute noch zur lebendigen Volkskunst. Die Zeit der *Semana Santa,* der Karwoche, ist in Mexiko City die Zeit des Feierns. Wenn am Tag vor Ostersonntag zahlreiche Feuerwerke abgebrannt werden, zünden die Menschen in den Straßen die extra für diesen Anlaß hergestellten Papiermaché-Puppen an. Neben Judas-Figuren in allen Größen gibt es auch moderne Märtyrer: Generäle der mexikanischen Revolution oder bekannte Gestalten aus Cartoons.

Papiermaché spielt an einem weiteren mexikanischen Feiertag eine traditionelle Rolle. Wenn am *Día de los Difuntos,* dem Allerseelentag, die Mexikaner ihren Toten gedenken, ist die ganze Stadt mit bemalten und phantasievoll gestalteten Skeletten und Totenköpfen aus Papiermaché dekoriert. Oftmals werden Szenen aus dem billigen Werkstoff dargestellt,

Königsmaske aus Mexiko, 1992. Fa. Ludwig Beck und Radspieler, München. Photo: Thomas Mayfried

bevölkert mit Skeletten anstatt lebendigen Menschen, wie zum Beispiel eine kleine Kapelle mit Musikinstrumenten.

Masken gehören zur mexikanischen Volkskunst: Sich verkleiden und in die Identität der anderen schlüpfen spielte schon immer eine wichtige Rolle im Alltag. Früher trugen die Priester Masken, die jene Götter darstellen sollten, die sie verehrten. Jäger maskierten sich als die von ihnen gejagten Tiere.

Der Tourist stößt überall auf in leuchtenden Farben bemalte Papiermaché Souvenirs – Kinderspielzeug, Spardosen oder Fetische. Viele der heute in Europa angebotenen kunsthandwerklichen Papiermaché-Objekte stammen aus Mexiko, wie zum Beispiel Masken oder die abgebildete Teufelsfigur (Abb. S. 107).

Amerika

Sehr wichtig für die Verbreitung des Papiermachés in Amerika, war ein am 23. Juni 1874 verabschiedetes Gesetz, welches gestattete, ausgemusterte Banknoten wiederzuverwerten. Die ›Papierrecycler‹ und Mâché-Spezialisten sahen hierin eine großartige Möglichkeit mit Hilfe von ›besonderem‹ Altpapier, aus Papiermaché werbewirksame Objekte zu gestalten. Seit Ende des 19. Jahrhunderts bis in die erste Dekade unseres Jahrhunderts galten Papiermaché-Büsten berühmter Amerikaner und Repliken von Nationaldenkmälern als beliebte Souvenirs und Sammlerstücke. Nicht nur die Tatsache, daß sie aus Papiermaché hergestellt sind, sondern, weil sie aus echten amerikanischen Banknoten bestanden, machte die Objekte so spektakulär. Die ausgemusterten Geldscheine mußten allerdings vor der Wiederverwendung einer genau festgelegten Prozedur unterzogen werden. Nach dem Einweichen wurde ihnen Soda, Asche und Kalk beigemischt, um sie als Banknoten weitgehend unkenntlich und ungültig zu machen. Dennoch konnte man den aus dieser Rohmasse geformten Objekten, die nicht bemalt wurden, ihren Ursprung ansehen.

Papiermaché war in Amerika wie auch in Europa bis zu seiner Ablösung durch Kunststoff vorwiegend ein Material für die Herstellung von architektonischen Ornamenten, Möbeln, Karnevalsmasken, Puppen, Dekorationsmaterial und Skulpturen.

Skulpturen und Schmuck

Nach dem Niedergang des Papiermachés zu Beginn unseres Jahrhunderts finden sich erst jetzt, im Zeitalter des Recycling und der natürlichen Stoffe, wieder Interessenten für diesen unerschöpflichen, überall vorhandenen und so vielseitigen Rohstoff. Das zeitgenössische Interesse an Papiermaché besteht im künstlerischen Bereich überall dort, wo Kunststoff nicht (mehr) erwünscht ist, bei der Herstellung von Masken, Schaufenster- und Theaterdekorationen und beim Basteln in Schule und Kindergarten. In der Volkskunst, einem der wenigen Bereiche, wo es sich auch heute nicht von Kunststoffen hat verdrängen lassen, wird Papiermaché heute nach wie vor verwendet.

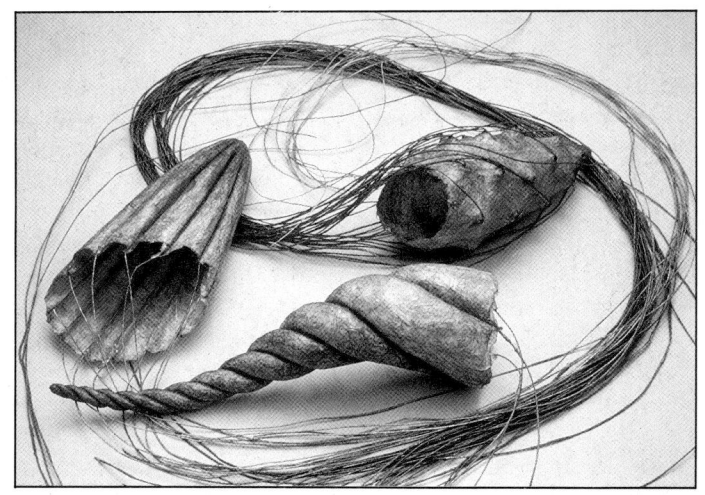

Rowena Gough,
›Container for the Body‹
(3 Kettenanhänger),
Australien 1987

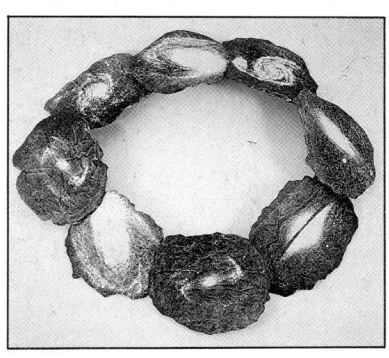

Georg Dobler, Hals-
schmuck, Berlin 1990

In der Schmuckgestaltung gibt es einige Künstler, die die
Vorzüge des Papiermachés zu schätzen wissen und diesen
Rohstoff gern einsetzen. Auch hier spielt die leichte Verar-
beitung und besonders das Gewicht eine wesentliche Rolle.
Papiermaché-Schmuckstücke wie Broschen, Ketten, Ringe,
Armreifen, Ohrringe oder Anhänger werden gern auch mit
anderen Materialien verbunden.

Georg Dobler schätzt das Spezifische der Oberfläche seiner Objekte, die er nach dem Trocknen nicht weiter bearbei-

Ulrike Vogt, Halsschmuck aus Papiermaché-Segmenten, 1992. Galerie Knaut und Hagen, Bonn

tet. Seinem Halsschmuck, 1990 angefertigt, ist das Rohmaterial Papier deutlich anzusehen.

Rowena Gough, eine australische Schmuckdesignerin, verwendet japanisches Papier für ihre Papiermaché-Arbeiten. Die Durchsichtigkeit der Objekte verrät ihr geringes Gewicht. Durchscheinend sind auch ihre Körperhüllen, die *Container for the Body*, deren Kettenanhänger Schneckengehäusen ähneln, sowie ihre anderen Schmuckstücke, die sie mit japanischen Wasserfarben bemalt.

Einen wuchtigeren Halsschmuck aus Papiermaché-Segmenten, der sich dem Körper anpaßt und mit Blattgold belegt ist, schuf Ulrike Vogt. Die einzelnen Teile werden mit Gummibändern zusammengehalten und schmiegen sich auch bei Bewegungen den Schultern an.

Petra Kamprowski

Nicht für die Dekoration von Kleidungsstücken geeignet, ist ein Knopf aus Papiermaché von Petra Kamprowski. 1988 zur Lüdenscheider Ausstellung von Künstlerknöpfen gefertigt, wäre er mit seinen 30 cm Durchmesser auch zu groß für ein konventionelles Kleidungsstück. *Der anonyme Totentanz,* ein Reliefbild aus Papiermaché, entstand zwischen 1988 und 1990, noch bevor es die Schutzgitter für Kröten gab, die verhindern sollten, daß diese zu Tausenden von den rasenden Autos überfahren wurden.

Petra Kamprowski, Anonymer Totentanz, 1986–1990

Norma Kilgour

Die Engländerin Norma Kilgour verwendet Papiermaché für die Herstellung von dekorativen und benutzbaren Möbeln. Besonders hübsch sind ihre Möbel für Kinder (Abb. S. 155, Kinderstuhl in Form eines Tigers). Aber auch kleinere Gebrauchsgegenstände, wie

Norma Kilgour,
Kinderstuhl

zum Beispiel Vasen aus übereinandergeklebten Papierstreifen, wünderschön bemalt, sind aus ihrer Werkstatt.

Jennie Neame

Papiermaché zur Imitation anderer Materialien findet
heute im Kunsthandwerk wieder Verwendung. Die Engländerin Jennie Neame nutzt das leichte Papiermaché, um damit
täuschendecht aussehende, scheinbar im Winde wehende
Vorhänge und dekorative Spiegelrahmen zu formen.

Louise Vergette

Die Objekte von Louise Vergette sind inspiriert von mytho-
logischen Symbolen oder Träumen. Sie konstruiert alle ihre
Objekte mit Holzgerüsten, die mit Draht umhüllt werden.
Das Papiermaché ist sehr fein gemixt und ähnelt im Rohzustand einer Tonmasse. Diese sorgsam zubereitete Masse
erlaubt feine Detailarbeiten. Nachdem die Stücke trocken
sind, werden sie in verschiedenen Techniken bemalt. Louise

Louise Vergette, ›Der Geist der Nacht‹ (Wolf und Frau), England, 1990

Vergette benutzt Ölpastelle, Wasserfarben, Kreiden, Blattgold und -silber und andere Materialien.

Katharina Eckart

Auch Katharina Eckart arbeitet mit Draht. Sie benutzt allerdings ausschließlich Maschendraht für Ihre Objekte, die sie ohne weitere Verstärkung mit der Hand zurechtbiegt. Katharina Eckart hat früher mit Ton gearbeitet und ist vor einigen Jahren zu dem wesentlich leichteren und bruchsicheren Papiermaché übergegangen. Für sie ist es bei der Verwendung dieses Materials wichtig, daß sich das Papier leicht bemalen läßt. Ihre lackierten Temperafarben gewinnen auf dem Zeitungspapier eine schimmernde Brillanz, die auf Keramikobjekten in dieser Weise nicht zu erzielen wäre. Ihre Phantasietiere, Lampen und anderen Objekte sind so erfolgreich, daß sie mittlerweile Kurse anbietet, in denen sie die Technik, Papiermaché-Gerüste aus Maschendraht zu formen und zu bemalen, interessierten Künstlern und Hobbybastlern vermittelt (Abb. S. 108, 162, 164).

Philip Cox

Der Engländer Philip Cox verwendet seit 1985 farbige Papierabfälle für seine ausdrucksstarken, lebensgroßen Papiermaché-Plastiken. Die meisten seiner Gestalten haben reale Vorbilder – meistens entwickelt er sie aus den Zügen von drei oder vier verschiedenen Menschen in seiner Umgebung. Seine naturalistischen Plastiken bestehen ausschließlich aus ›Papiermüll‹ und werden nicht bemalt. Die Farbigkeit, zum Beispiel die Muster der Kleidung, kommt zustande, indem Philip Cox bedrucktes Papier so geschickt auswählt und übereinanderklebt, daß es wie eine Bemalung wirkt. Seine realistisch-ironischen Figuren findet man hin und wieder in den Schaufenstern kleiner und großer Geschäfte (Abb. S. 105).

Philip Cox,
›Grandma and Grandad‹

Leszek Puchalski

Kölsche Originale wie zum Beispiel der Köbes mit Biergläsern, das Kölner Karnevals-Dreigestirn oder die Stabpuppen Hänneschen und Bärbelchen gibt es auch aus Papiermaché. Leszek Puchalski, 1950 in Warschau geboren, arbeitet seit Jahren mit Papiermaché. Seine Spezialität ist es, lebensgroße Menschen und Tiere herzustellen, die so täuschend echt

Jeff Highley, ›Stone Figure‹. Photo: Alison Duddle

bemalt sind, daß sie manchmal mit lebenden Menschen verwechselt werden. Die humorvoll gestalteten Szenen strahlen eine witzige Lebendigkeit aus: Puchalskis Affen (Abb. S. 109) scheinen sich über ihre Umgebung zu wundern, und der Hund, der in einer Boutique der Kölner Innenstadt an einen Kleiderständer festgebunden ist und dort sein Bein hebt, löst bei den flanierenden Spaziergängern sogar Schadenfreude aus.

Jeff Highley

Für die Herstellung von Handpuppen, Marionetten und Theaterdekorationen ist Papiermaché noch immer beliebt. Was die Größe der Puppen und Masken angeht, gibt es keine Grenzen. Jeff Higley aus England verwendete Papierbrei für die Köpfe und Hände seiner *Stone Figure*. Sie spielt in dem Theaterstück über Ted Hughes Gedichte *Ancient Resonancy* mit. Die ausdrucksstarke Maske und die Hände sind speziell für dieses Theaterstück angefertigt worden und haben für den Schauspieler den Vorteil, daß sie relativ leicht zu tragen sind.

PRAKTISCHER TEIL

Nicht nur für Mädchen und Jungen im Kindergarten oder in der Schule war und ist Papiermaché ein wichtiger Werkstoff. Wie wir in dem historischen Abriß gesehen haben, bedienten sich Handwerker, Architekten und später die Industrie dieses Materials. Künstler haben das Papiermaché als praktischen und unweltfreundlichen Werkstoff wiederentdeckt. Vor diesem Hintergrund wird deutlich, daß der Gestaltung unterschiedlichster Objekte in Papiermaché kaum Grenzen gesetzt sind. Dazu brauchen Sie keine teuren Werkzeuge oder spezielles Material. Mit Papier und Kleister können Sie unendlich viele, schöne Figuren oder Gebrauchsgegenstände herstellen.

Vorbereitung, Rezepte und Nachbearbeitung

Der besondere Reiz, mit Papiermaché zu arbeiten, besteht darin, daß die Zutaten leicht zu beschaffen sind und der Anfänger recht schnell ansehnliche Kunst- und Gebrauchsgegenstände herstellen kann. So unterschiedlich die zahlreichen Papiermaché-Objekte sind, so verschiedenartig sind aber auch die Rezepturen, Geheimtips und Techniken, Papiermaché herzustellen und zu bearbeiten. Ob der Papierbrei nun mit Ton verknetet oder mit Kreide vermischt ist, Leim, Kleister oder Mehl enthält, eines haben all diese Rezepte gemeinsam: Der Hauptbestandteil ist in der Regel Papier und Wasser.

Als Papier noch wertvoll war, hat man fast ausschließlich bedrucktes Altpapier oder Abfälle aus der Papierherstellung verwendet. Der Papiermaché-Brei wurde im Laufe der Zeit mit vielen unterschiedlichen Zutaten vermischt, um die Konsistenz des Rohstoffes dem jeweiligen Zweck anzupas-

Handpuppe, ›Advokat‹, Frankreich, um 1900. Puppentheatermuseum im Münchner Stadtmuseum. Photo: Bildarchiv Hansmann, München

Katharina Eckart, ›Flugtier‹. Photo: Achim Bednorz

Leszek Puchalski, ›Der starke Mann‹, 1992

◁ Katharina Eckart, Schale. Photo: Achim Bednorz

Ente, 1992. Photo: Achim Bednorz

Rabe, 1992. Photo: Achim Bednorz

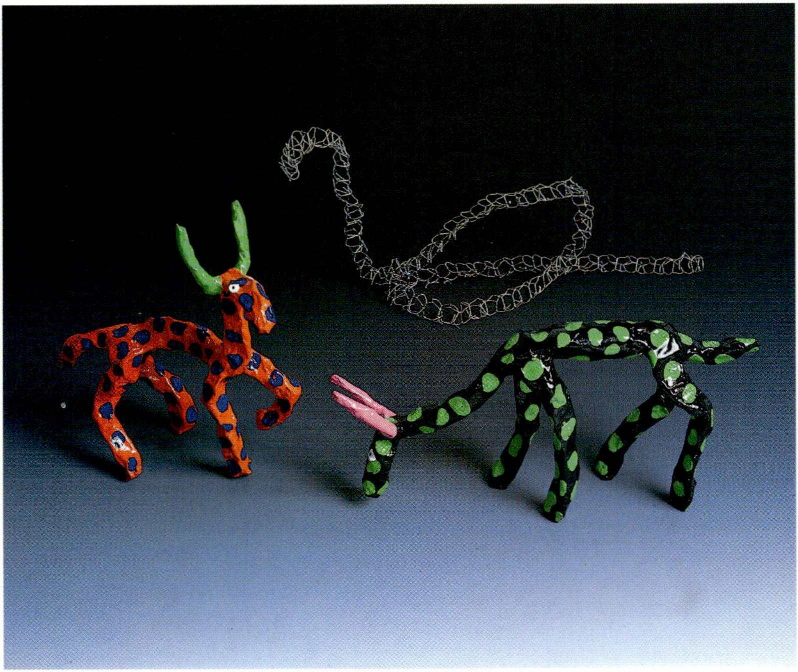

Katharina Eckart, Stiere aus Draht, 1993. Photo: Achim Bednorz

Neus und David Ventura, ›Indianer‹, Spanien, 1992. Fa. Ludwig Beck und
Radspieler, München. Photo: Thomas Mayfried

Stabmarionetten (Marotten), 19.Jh. Puppentheatermuseum im Münchner
Stadtmuseum. Photo: Bildarchiv Hansmann, München   ▷

Kinderrasseln von den Philippinen. Fa. Ludwig Beck und Radspieler, München. Photo: Thomas Mayfried

Schwein, Indonesien, 1992. Fa. Ludwig Beck und Radspieler, München. Photo: Thomas Mayfried

Neus u. David Ventura, ›Drei Männer‹, Spanien, 1992.
Fa. Ludwig Beck und Radspieler, München. Photo: Mayfried

sen; manchmal sollte das Endprodukt vor allem besonders fest und haltbar sein, andere Objekte mußten wasserfest und andere wieder besonders leicht sein. Den Anforderungen entsprechend mischte man dem Papier-Wasser-Gemisch Meerschaumstaub, gemahlenen Speckstein, Talkerde, Roggenmehl, Weizenmehl, ungelöschten Kalk, Kolophoniumpulver, Rizinusöl, Glyzerin, Zinkweiß, Wiener Kalk, Holzmehl, Kopallack, Spiritus, Alkohol, Kaolin, Harz, Gummitran, Leinölfirnis, Albumin, Zinkchlorid, Pottaschesilikat oder Alaun bei.

In den folgenden Kapiteln werden Sie einen Überblick über verschiedene Rezepturen und Arbeitsweisen erhalten. Zur besseren Übersichtlichkeit ist der ›Know-how‹ -Teil in fünf Abschnitte gegliedert, die die wichtigsten Arbeitstechniken vorstellen: Das Kneten, das Drücken, das Aufbauen, das Gießen und das Überformen (Kaschétechnik). Zu Beginn einige allgemeine Erläuterungen, die grundsätzlich für das Arbeiten mit Papiermaché wichtig sind.

Arbeitsplatz

Die Arbeitsfläche, zum Beispiel ein Küchentisch, sollte glatt und leicht sauber zu halten sein. Von Vorteil ist es, auf einer großen Glasplatte zu arbeiten, weil diese zwischendurch schnell abgewischt werden kann. Falls kein Waschbecken in der unmittelbaren Nähe ist, stellen Sie einen Eimer mit Wasser bereit, denn Sie brauchen das Wasser nicht nur, um den Rohstoff zuzubereiten, sondern auch, um zwischendrin die Hände zu reinigen oder das Objekt feucht zu halten.

Material

Für das Arbeiten mit Papiermaché brauchen Sie mindestens Wasser, Papier und Kleister. Für sinnvolles Arbeiten sind folgende Zutaten und Geräte notwendig: Papierschnipsel, Zei-

Dieter Boers, Material und Werkzeug für die Herstellung von Papiermaché, Collage

tungspapier oder Eierkartons, Kleister, Schüsseln, Topf, Handquirl oder Küchenmixer, Rührlöffel, Sieb und Wasser.

Zeitungspapier eignet sich für die meisten Arten von Papiermaché sehr gut, da es dünn ist und sich leicht zerreißen läßt. Außerdem ist es in fast jedem Haushalt zu finden. Aber auch jedes andere Papier, Küchenpapier, Zellstoff, Eierkartons, u.ä. können Sie verwenden. Für besondere Papiermaché-Arbeiten, die sehr fein und durchscheinend sein sollen, ist auch Japan- oder Seidenpapier geeignet.

Tapetenkleister oder einfacher Weizenkleister wird je nach Anleitung auf der Verpackung zu einem sämigen Brei angerührt. Einige Tapetenkleister haben Zusätze wie Konservierungsstoffe und Fungizide. Diese Zusätze machen den angerührten Kleister zwar länger haltbar und verhindern, daß er schimmelt, aber sie riechen manchmal unangenehm. Bedenken Sie auch, daß Sie unter Umständen während des Modellierens stundenlang Hautkontakt mit dem Kleister haben und jede Haut unterschiedlich auf derartige Zusätze reagiert. Einfacher Weizenkleister ohne jegliche Zusätze tut es auch. Rühren Sie immer nur die Menge frisch an, die Sie gerade benötigen, so brauchen Sie keine größere Mengen aufbewahren, haltbar zu machen oder fortzuwerfen.

Herstellung von Papiermaché-Brei

Die Rezepte auf den folgenden Seiten sollen als Beispiele dienen und dazu anregen kreativ tätig zu werden. Suchen Sie für sich die Rezepte und Zutaten heraus, die Sie für Ihre Zwecke geeignet halten, und bei denen die Beschaffung der Zutaten einfach erscheint. Mit ein wenig Erfahrung werden Sie Ihre eigenen ›Geheimrezepte‹ entwickeln. Auf den folgenden Seiten sind einige historische Rezepte aufgeführt. Im Anschluß daran ist erläutert, wie die verschiedenen Techniken für den Hobbybastler und den fortgeschrittenen Papiermaché-Künstler umsetzbar sind.

Historische Rezepte

Schmidt beschreibt in seinem Buch *Die Benutzung des Papiermaché [...]* nebst gründlicher Anweisung ein einfaches Rezept zur Herstellung von Papiermaché, welches heute noch zeitgemäß erscheint: »Das Material zur Bereitung der Papiermasse richtet sich hauptsächlich nach dem Umstande, ob die anzufertigenden [. . .] Gegenstände besonders fein oder nicht ausfallen sollen. Im ersteren Fall nimmt man dazu die Hobelspähne von weißem Druckpapiere, die bei den Buchbindern zu haben sind, im zweiten Falle Abschnitte von ungeleimter oder halbgeleimter Pappe. Diese Papiere oder Abschnitte werden in einen Kessel gegeben, tüchtig gekocht und während des Kochens aufs stärkste zerrührt oder auch wohl, wenn das Kochen in einem kleineren Gefäße vorgenommen wird, gut zerquirlt, damit sie in eine dem Papierzeuge höchst ähnliche Masse verwandelt werden.«

Schmidt gibt auch Hinweise zur Materialbeschaffung für den Hobbybastler: »Wer das Geschäft nicht fabrikmäßig treibt und seine Papiermasse nicht mit Maschinen erzeugt, aber in der Nähe einer Papiermühle wohnt, kann seinen Bedarf an Papiermasse auch von daher entnehmen.«

›Wölkerholz‹ (Nudelholz) und Papiermasse zu ›Fleck‹ ausgerollt

In den weiteren Kapiteln finden wir Anleitungen, wie mit dem gekochten Papierbrei weiter zu verfahren ist und eine Auflistung der möglichen Zutaten:»Sobald die Papiermasse gekocht ist, zu welcher man jedoch kein bedrucktes Papier nehmen darf, weil sonst auf diesem jede Farbe abspringt, fischt man sie mit einem feinlöcherigen Durchschlag aus dem Kessel, läßt sie abtropfen, macht Ballen daraus, zerreibt dieselben auf einer Papéemaschine oder auf einem Reibeisen, oder stößt sie ganz fein in einem Mörser. Auf 4 Pfund dieser Masse setzt man 6 Pfund feingemahlene Kreide zu und versetzt beides mit Leimwasser, wozu 1 Pfund Leim erforderlich ist. Das Wasser, welches durch das Abtropfen und Auspressen der obigen Papiermasse übrig geblieben ist, wird mit einem halben Pfund Stärkemehl stark gesotten, dazu 4 Loth Tabaksbeize mit Wermuth gesetzt (wenn diese Beize nicht zu haben ist, thut man auch Knoblauch und Wermuth, oder das Leimwasser mit 1 Pfd. Koloquintensamem gekocht und, ehe es zum Leim kommt, durch Leinwand geseit, dieselben guten Dienste.) und damit den Leim aufgesotten.«

Ein etwas aufwendigeres Rezept zur Herstellung von Papiermaché beschreibt Anton Winzer: »Ungedrucktes Papier wird gekocht, abgetropft und fein zerstoßen; zu 2 kg Papiermasse kommen 3 kg Kreide; beides ist mit Leimwasser zu verbinden, wozu 1/2 kg Leim erforderlich ist; das abgetropfte Leimwasser wird mit 250 gr. Stärkemehl aufgekocht, dazu etwa 65 gr. Tobackbeize oder Knoblauch und Wermut gegeben; man kann auch das Leimwasser mit Koloquintensamen verkochen. Durch diesen Leim erhält die Masse große Festigkeit und Elastizität und ist nicht mehr den Angriffen von Insekten und Mäusen ausgesetzt. Sobald durch gute Mischung ein kräftiger Teig entstanden ist, wird er mit dem Nudelholz ausgerollt, passende Stücke daraus geschnitten und in die Form gedrückt.«

Im Hinblick auf die gewerbsmäßige Herstellung von Papiermaché spielte auch der Preis einer solchen Mischung eine Rolle. In seinem Buch geht Schmidt auf diese Problematik ein. Er beschreibt ein Verfahren, den Brei zu verlängern und so einen Rohstoff für die Herstellung billiger Spielwaren zu erhalten, indem er »die Masse [...] (zumal wenn dasselbe zu Puppenköpfen und geringen Spielwaaren verwendet werden soll), durch Zusatz von 25 Procent Schlämmkreide, 5 Procent mittelweißen Roggenmehl und 15 bis 20 Proc. Stärkewasser « vermehrt und wohlfeiler macht.

Obgleich sich in der Literatur zahlreiche Ingredienzien, Rezepturen und Mischanleitungen finden lassen, werden wir dort nur einen kleinen Teil der möglichen Rezepte entdecken. Schmidt hat dafür eine Begründung: »Außer diesen Zusätzen finden hin und wieder aber auch noch andere statt, welche von Fabriken geheim gehalten werden, und die wir daher hier unerörtert lassen müssen.«

Papierbrei-Herstellung für den Hausgebrauch

Die Hauptbestandteile für einen Papiermaché-Brei sind heute dieselben wie schon vor einigen hundert Jahren: Papier, Wasser und Kleister. Papierschnipsel, Altpapier, Eierkartons oder was immer Sie an Altpapier gesammelt haben, werden klein (in etwa 5 x 5 cm große Schnipsel) gerissen und in einen mit Wasser gefüllten Topf gegeben. Die Masse wird mit einem Holzlöffel gut durchmischt und so lange eingeweicht, bis das Papier in einzelne Fasern zerfällt. Je nachdem, welches Papier Sie verwenden und wie gut dieses geleimt ist, muß es nur einige Stunden oder bis zu zwei Tagen eingeweicht werden. Den Auflöseprozeß können Sie beschleunigen und verbessern, indem Sie die Papiermasse in einen Kochtopf geben und sie unter Rühren langsam erhitzen. Die Fasern und der Leim in dem Papier lösen sich dann schneller auf. Der Papierbrei kann einige Stunden lang köcheln und wird dabei mehrmals gut durchgerührt. Um die Papierfasern möglichst klein zu zerreißen und den Brei fein und geschmeidig zu machen, wird die Masse mit einem Küchenquirl oder ›Zauberstab‹ gut durchgemixt.

Haben sich die Papierschnipsel so weit aufgelöst, daß keine größeren Fetzen mehr erkennbar sind und ein sämiger

Brei entstanden ist, wird dieser in ein Sieb abgegossen. Das überschüssige Wasser wird von Hand, mit einem Tuch oder mit Hilfe eines Kartoffelstampfers soweit als möglich herausgepreßt. Dem so vorbereiteten möglichst trockenen Papierbrei wird Kleister beigefügt und das Ganze gut von Hand durchgemischt. Auf eine Schüssel voller Papierbrei kommen etwa drei Tassen Kleister.

Den mit dem Kleister vermischten Papierbrei nennen wir Papiermaché. Er ist nun verwendungsfähig. Wenn Sie auf Vorrat arbeiten wollen, können Sie den auf die oben beschriebene Weise hergestellten Papierfaserbrei (ohne Kleister) in der Sonne oder auf der Heizung trocknen lassen. Der getrocknete Papierfaserbrei ist lange Zeit haltbar und kann bei Bedarf jederzeit mit Kleister und Wasser zu Papiermaché-Brei angerührt und verarbeitet werden. Weitere Zutaten wie sie in den historischen Rezepten erwähnt sind, verändern die Konsistenz des Papierbreis. Je nachdem, was Sie modellieren wollen, brauchen Sie manchmal einen festen Brei mit viel Füllmittel und wenig Flüssigkeit oder aber einen Papiermaché-Brei von weniger dichter Konsistenz, der mit viel Kleister und Wasser angerührt ist.

Ihrer Phantasie sind keine Grenzen gesetzt. Lassen Sie sich von den kuriosen historischen Rezepturen anregen und experimentieren Sie, um den für Sie richtigen Papiermaché-Brei zu mischen. Alle oben angegebenen Mengenangaben betrachten Sie bitte als Hilfe und Richtlinie – sie sind für Ihre speziellen Zwecke abwandelbar.

Feines Papiermaché

Material: Papier, Kleister, evtl. Asche, Reibeisen
Für feine Reliefarbeiten benötigen Sie einen sehr feinen Papierbrei. Das folgende historische Rezept kann auch heute noch als Anleitung für einen besonders sämigen Papierbrei dienen: »Schließlich wird die aufgelöste Masse aus dem Topf herausgenommen, ganz leicht das Wasser ausgedrückt, dann in einem Mörser geworfen und indem selben gut zerstoßen.

Ist dies geschehen, so nimmt man diese Masse heraus, legt sie in ein starkes Leinentuch und windet mit Hilfe desselben das noch in der Masse befindlich Wasser so viel wie möglich heraus. Hierauf wird der Ballen entweder an der Sonne, oder auf einer warmen Feuerstelle, oder auf dem Ofen getrocknet. Der getrocknete Ballen wird auf einem Reibeisen gerieben, so daß die Papierflocken der Baumwolle im Angreifen ähnlich sind. Diese geriebene Masse wird auf einem Brette mit einfachen Weizenkleister mittels eines hölzernen Spatels zu einem Teige untereinander gemengt und mit einer Backrolle auseinandergerollt, wie man Nudelteig herstellt. Dieser mit Kleister angemachte Klumpen, der aus 1/3 der anzumachenden Masse bestehen muß, wird auf einen Brett oder auf einer Tafel in Form eines Kranzes aufgesetzt. In die Öffnung desselben schüttet man 2/3 gesiebte Asche, am liebsten von hartem Holze, gießt nach und nach Wasser auf dieselbe und mengt so lange daran, bis die Asche ganz durchnäßt ist. Zuletzt wird auch der Kranz mit der nassen Asche zusammengearbeitet. Diese drei Bestandteile werden nun endlich in den Mörser gegeben und gut durcheinander gestossen.«

Trocknen von Papiermaché

Papiermaché-Arbeiten müssen nach dem Formen vor jeglicher Weiterverarbeitung sehr gut durchtrocknen. Je nach-

176

Knöpfe aus Papiermaché, unterschiedlich bemalt

dem wie dick die Wandungen oder die massiven Objekte sind, kann dies mehrere Tage dauern. Im Sommer reicht die normale Zimmertemperatur in der Regel aus, um die Objekte an der Luft zu trocknen. Im Winter oder bei feucht-klammer Luft ist es sinnvoll, dem Trocknen der fertig modellierten Teile nachzuhelfen. Wenn die Papiermaché- Objekte zu lange (einige Tage) feucht herumliegen, kann es geschehen, daß das Papiermaché schimmelig wird. Lassen Sie die fertig modellierten Teile auf der Heizung oder im Backofen einige Stunden bei niedrigster Temperatur trocknen. Beim Trocknen im Ofen ist zu beachten, daß die Hitze sehr gering (50° C) ist, da sich sonst Risse in den Papiermaché-Formen bilden oder Verformungen auftreten.

Nachbearbeitung

Einige Papiermaché-Objekte sind nach dem Trocknen bereits fertig. Hier wirken die Struktur und die Farbe des Papierbreis ohne weitere Bearbeitung. Es gibt aber zahlreiche Verfahren, Papiermaché zu härten, zu glätten, zu schmirgeln, zu bemalen, zu bekleben und zu dekorieren.

In früheren Zeiten wurde der Endbehandlung von Papiermaché viel Aufmerksamkeit und Zeit gewidmet. Aus Schmidts Beschreibung über das Glätten, Trocknen und Schleifen der Papiermaché-Puppenköpfe geht hervor, wie diese Arbeiten vor über 100 Jahren vor sich gingen: »Nachdem die Larven und Puppenköpfe [...] gut getrocknet worden, wird man finden, daß sie häufig ihre Form dabei mehr oder weniger verloren haben, und um dieselbe wieder herzustellen, verfährt man in folgender Weise: Man bedient sich eines [...] polierten Stäbchens aus Buchsbaum, um damit die in die gehärtete Gyps- oder Schwefelform eingelegte und trockengewordene Larve auf die Weise zu polieren, daß man alle Theile der eingelegten Larve oder des Puppenkopfes durch starkes Aufdrücken mit dem runden glatten Theile des Polirholzes so glatt wie möglich reibt. [...] Es macht sich nun für die Waare ein mehrmaliger Anstrich von Grundirfarbe nöthig, die für den Gegenstand paßt. [...] Sobald die grundirten Larven und Puppenköpfe den gehörigen Grad von Trocknung erlangt haben, werden sie dann geschliffen oder abgezogen, d. h. die äußeren Flächen derselben werden mit einem kleinen Stückchen feinen Glas- oder Sandpapier, oder angefeuchteten Schachtelhalms, abgerieben. Je sorgfältiger bei diesem Schleifen zu Werke gegangen, und je vollkommener es ausgeführt wird, desto schöner nimmt sich einst die aufgetragene Lackirung aus. [...] Ist die Grundirung so geschliffen, daß nichts Rauhes mehr weder zu sehen, noch zu fühlen ist, so säubert man die Fläche mittels eines feuchten Schwammes von allem Abgeschliffenen und trocknet sie mit einem leinenen weichen Tuche ab.« Den historischen Arbeitsbeschreibungen können Sie entnehmen, wie sorgfältig die Papiermaché-Rohlinge damals weiter bearbeitet wurden.

Heute können die Einzelstücke, die wir herstellen, je nachdem wozu sie gebraucht werden und welchen Anforderungen sie unterliegen, ganz unterschiedlich und dem Einzelfall entsprechend weiterbehandelt werden. Um die Papiermaché-Waren gegen Wasser und Feuchtigkeit unempfindlicher und haltbarer zu machen oder um sie zu verschönern werden die Objekte in der Regel nach dem Formen geglättet, lackiert und/oder ein- oder mehrfarbig angemalt und/oder beklebt.

Glätten

Material: unterschiedlich feine Schmirgelpapiere

Papiermaché-Objekte, deren Oberfläche nach dem Trocknen uneben ist, kann mit feinem Schmirgelpapier ebenso wie Holz nachbearbeitet werden. Achten Sie darauf, daß das Papiermaché völlig trocken ist, da andernfalls das Schmirgelpapier verklebt.

Bemalen

Material: Grundierung, wasserlösliche Farben oder Lackfarben, verschieden dicke Pinsel

Papiermaché kann mit verschiedenen Farben bemalt werden. Dem weiterem Verwendungszweck des Objektes entsprechend eignen sich Wasserfarben, Gouache, Öl- bzw. Acrylfarbe oder Filzstifte besser. Damit das poröse Papiermaché die Farbe nicht aufsaugt, die Farbe nicht verläuft und die Druckfarbe des Papiermachés nicht durchschimmert, ist es sinnvoll, das Objekt zuvor mit einer Grundierung einzustreichen. Hierbei ist darauf zu achten, daß die Grundierung in ihrer Konsistenz zu den Farben paßt, die Sie später verwenden wollen (also die jeweils passende Grundierung für Ölfarben u.ä.).

Dekorationsgegenstände, die keinen besonderen Belastungen ausgesetzt sind, werden mit einem einfachen Wasserfarben- oder Dispersionsanstrich versehen. Objekte, die wasserfest sein sollen, müssen einen oder mehrere Lackanstriche erhalten. Auch Schachteln, Kistchen, Tabakdosen, oder Tabletts werden mindestens zweimal lackiert, damit sie die notwendige Härte und Widerstandsfähigkeit erhalten. Kleinere Papiermaché-Waren, die als Spielzeug dienen sollen, werden einfach mit Wasserfarben bemalt und dann durch einen dünnen Überzug mit Lack geschützt. Diese Schale (Abb. S. 108) ist sehr phantasievoll mit Plakafarben bemalt und mit einem Klarlack überzogen.

Objekte, die bestimmte Materialien nachahmen (z. B. Holz, Marmor, Stein, Porzellan), werden sorgfältig entspre-

chend bemalt und gemasert. Die Säulen und Wandverzierungen zum Beispiel (s. S. 141) sehen aufgrund ihrer perfek-
ten Bemalung echtem Marmor oder Holz täuschend ähnlich.

Firnissen

Material: Leinölfirnis, Backofen

In früheren Zeiten machte man Papiermaché-Schachteln für
den täglichen Bedarf haltbar, hart und wasserfest, indem
man sie firnißte. Nach dem Trocknen wurden die Schachteln in heißen Leinölfirnis getaucht oder damit überstrichen
und anschließend im Backofen bei starker Hitze (ca. 170° C)
geröstet. Die Objekte mußten frei im Ofen stehen, damit sie
nicht zusammenklebten. So geröstet, wurden Sie hart wie
Holz, ließen sich raspeln und drechseln und beliebig weiter-
verarbeiten.

Bekleben

Papiermaché kann auch mit verschiedenen anderen Materialien beklebt werden. Zur Verzierung eignen sich Glasstein-
chen, Federn, Pailletten, Stoffetzen und vieles mehr.

Tierfellimitation

**Material: geraspelte, feingesiebte Scherwolle,
Leim oder Leinölfirnis, Wasserfarbe und Pinsel**

Eine besondere Technik papierne Tiere mit einem weichen
Fell zu versehen kannte man schon im vorigen Jahrhundert.
Das Fell der Papiertierfiguren kann mit Wollflocken imitiert
werden. Hierfür benötigen Sie feine pulverisierte Wolle in
den entsprechenden Fellfarben. Das Wollpulver ist leicht
herzustellen, indem Sie ein kleines Wollknäuel auf einer
Küchenreibe raspeln oder mit einem scharfen Küchenmesser über dicke Wollfäden schaben. Das entstehende Pulver
sollten sie, um größere Knubbel zu entfernen, vor dem Auf-
kleben durch ein feines Sieb streichen.

Nachdem die Papiermaché-Tiere mit feinem Schmirgelpapier glattgeschliffen sind, werden sie mit Leim oder Leinölfirnis gleichmäßig eingestrichen. Sobald dieser angetrocknet ist, kann die Scherwolle, die pulverfein sein sollte, darübergestreut werden. Achten Sie darauf, daß Sie die feuchten Tiere an den beflockten Stellen nicht anfassen, sonst wird der Fellbesatz ungleichmässig und rauh. Ist die Wolle aufgetrocknet, fühlt sie sich wie Samt an. Mit Pinsel und Farbe können zusätzlich Akzente gesetzt werden. Schon vor über einhundert Jahren befanden die Papiermaché-Waren Hersteller: »Auf diese Art lassen sich Tierfiguren aus Papiermaché von vorzüglicher Schönheit und ganz der Natur getreu darstellen.«

Techniken

Kneten

Die einfachste Methode mit Papiermaché zu arbeiten, ist das Kneten. Auf diese Weise lassen sich Schmuckstücke ebenso einfach modellieren wie Knöpfe und Dekorationsgegenstände.

Knöpfe

Material: Papiermaché-Brei, Ahle oder dicke Stopfnadel
Papiermaché-Knöpfe sind einfach herzustellen und bieten sich für Anfänger oder Kinder an, um sich mit dem Material vertraut zu machen. Je feiner die Masse, umso glatter werden die Knöpfe, und umso einfacher ist die weitere Verarbeitung. Den Papiermaché-Brei portionieren Sie teelöffelweise und kneten die einzelnen Knöpfe von Hand. Nachdem Sie die gewünschte Form geknetet haben, streichen Sie den

Knopf aus Papiermaché

Knopf mit feuchten Fingern glatt. Wenn die Knöpfe ein wenig angetrocknet sind, stechen Sie mit Hilfe einer dicken Stopfnadel vorsichtig Knopflöcher (mindestens zwei) in die Knöpfe.

Um die Knöpfe fester und haltbarer zu machen, sollten sie, wenn sie trocken sind, nachbehandelt werden, indem man sie mit einer relativ flüssigen Kleisterlösung oder aber mit Leinölfirniß eingestreicht. Zum Aushärten werden sie etwa zwei Stunden lang im Ofen bei ca. 180° Celsius geröstet.

Wollen Sie viele ähnliche Knöpfe formen, so gibt es einen Trick zur Arbeitserleichterung: Kneten Sie aus dem Papiermaché-Brei eine lange Wurst mit dem Durchmesser der Knöpfe. Von dieser Wurst schneiden Sie mit einem scharfen Messer Scheiben ab, die die Stärke der Knöpfe haben. Diese Scheiben sind Ihre Knopfrohlinge. Die Knöpfe können dann weiter bearbeitet werden. Sie können Muster einritzen, Ecken abrunden oder sie bemalen.

Schmuck

Material: Papiermaché-Brei, Papier, Kleister
Evtl.: Kettenverschlüsse, Ösen, Ohrstecker oder
Broschennadeln; Edel- oder Halbedelsteine und
Sekundenkleber
Für die Herstellung von Broschen, Ketten, Anhängern oder Ohrhängern brauchen Sie diverse Zusätze wie Ösen, Verschlüsse oder Stecker, die es in Kurzwaren- oder Bastelläden zu kaufen gibt. Papiermaché eignet sich auch zum Einfassen von Steinen. Nehmen Sie einen bunten Stein und modellieren Sie auf einem Ring oder Anhänger eine Fassung um den

Stein herum. Ist diese fertig, nehmen Sie den Stein heraus, säubern ihn von den Papierresten und dem Kleister und legen ihn während des Trocknens wieder an die vorgepaßte Stelle, damit sich die Öffnung für den Stein beim Trocknen des Werkstückes nicht verzieht. Nachdem die Fassung ausgehärtet ist, nehmen Sie den Stein während des Glättens und Dekorieren wieder heraus und setzen ihn erst wieder ein, wenn das Schmuckstück fertig dekoriert und bemalt ist. Da die Papiermaché-Fassung allein den Stein nicht halten kann, muß er mit einem guten Sekundenkleber festgeklebt werden.

Die einzelnen Teile der dekorativen Kette bestehen aus würfelförmigen Papiermaché-Elementen. Die Segmente sind einzeln von Hand geformt, nach dem Trocknen eingefärbt und mit Blattgold verziert. Mit Hilfe eines durch die Würfel hindurchgezogenen Gummibandes sind diese flexibel miteinander verbunden. So schmiegt sich die Kette der Schulter und dem Dekolleté an und macht jede Bewegung des Körpers mit (Abb. S. 153).

Der 1990 von Georg Dobler hergestellte Halsschmuck ist ein originelles Papierschmuckstück. Jedes Kettenelement besteht aus einzelnen Papiermaché-Scheibchen, die aussehen wie übereinandergeschichtetes Papiermaché.

Tiere

Material: Papiermaché-Brei, Kleister
Papiermaché läßt sich für diverse dekorative Kleinteile ähnlich verwenden wie Ton. Nehmen Sie eine kleine Menge Papiermaché-Brei in die Hand und formen Sie die Objekte frei heraus.

Aus mehreren kleinen Papiermaché-Tieren ist recht schnell ein ganzer Bauernhof modelliert. Nehmen Sie jeweils eine kleine Menge Papiermaché-Brei in die Hand und formen die einzelnen Tiere. Damit die Papiermasse nicht an den Händen klebt, tauchen Sie die Finger zwischendurch immer wieder in ein Glas mit Wasser. Achten Sie darauf, daß die Tiere frei stehen können und ihr Gleichgewicht halten. Die kleinen Tiere werden nach dem Trocknen sorgfältig bemalt oder mit Fellimitat beklebt. Auf diese Weise können sie aus ähnlichen, manchmal auch recht grob wirkenden Rohlingen eine bunte Schar Hühner, Hunde, Katzen und Ziegen basteln.

Finger- oder Kasperpuppen

Material: Papiermaché-Brei, Kleister, Flaschen, Fett

Die Herstellung solcher Puppenköpfe ist so einfach, daß oft schon in Kindergärten und Schulen ganze Schauspieltruppen nach den folgenden Rezepten modelliert werden. Für die Herstellung von kleinen Finger- oder Kasperpuppen benötigen Sie neben dem Papiermaché-Brei für jedes Werkstück je eine Flasche. Diese ist als Ständer nicht nur während

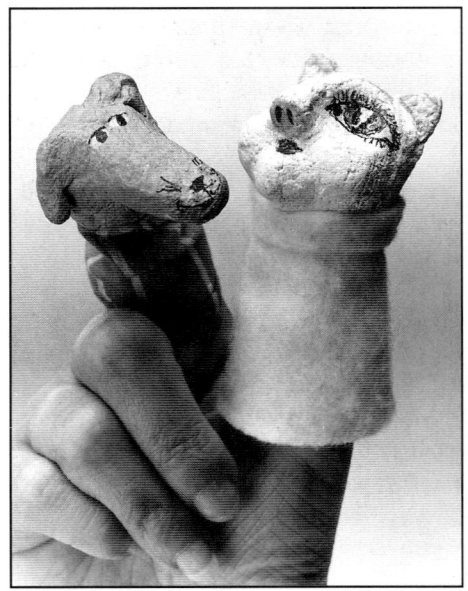

Fingerfiguren

der Arbeit hilfreich, sondern auch beim Trocknen. Damit die Flasche sicherer steht, wird sie beschwert. Vor Beginn der Arbeit füllt man sie mit Steinen oder Wasser. Der Flaschenhals sollte außen gut eingefettet werden, damit das Papiermaché nicht daran festklebt.

Nun können Sie beginnen: Setzen Sie eine handvoll Papiermaché auf den Flaschenhals. Als Anfänger beginnen Sie zum Beispiel mit einer kleineren Figur, Fortgeschrittene und Mutige können sich direkt an größere Puppenköpfe heranwagen. Das Papiermaché wird mit den Händen zu einer Kugel geknetet und dann um den Flaschenhals herum festgedrückt. Brauchen Sie mehr Knetmasse, kann diese von außen schichtweise auf die schon vorhandene Form aufmodelliert werden. Wenn die Kugelform fest am Flaschenhals hält, arbeiten Sie frei Hand mit den Fingern die groben Gesichtszüge heraus. Mit Hilfe eines Holzstäbchens oder Modellierstabes können Sie kleinere feine Linien ziehen, Vertiefungen für die Augenhöhlen drücken und andere Details der Gesichtszüge herausarbeiten.

Meist sollen die Finger- und Kasperpuppen später ein Stoffkleid bekommen, welches am Hals angesetzt wird. Um die Befestigung eines solchen Kleides zu erleichtern, erhält ein jeder Kasperkopf einen (etwa 3 cm) langen, sich nach unten hin ein wenig verbreiternden Hals, der sich dem Flaschenhals anschmiegt. An diesem Hals kann später mit Hilfe eines Bandes das Kleid festgebunden und zugenäht werden.

Kinderrasseln

Material: Papiermaché-Brei, Kleister, Flaschen, Fett, kleine Steinchen, Reis oder getrocknete Erbsen

Die Puppenköpfe werden wie oben beschrieben (s. Finger- oder Kasperpuppen) hergestellt. Nachdem sie getrocknet sind, füllen Sie einige Steinchen, etwas Reis, getrocknete Erbsen oder ähnliches in den hohlen Kopf und verschließen die Halsöffnung fest mit einem Pfropfen aus Papiermaché. In diesen Pfropfen stecken Sie einen Holzstab, der der Rassel später als Griff dient. Sobald diese Versiegelung gut getrocknet ist und der Stab fest hält, können Sie mit der Endbearbeitung und dem Bemalen der Figur beginnen (Abb. S. 167).

Bewegliche Figur: Starker Mann

Material: Papiermaché-Brei, Kleister, Blumendraht

Der *Starke Mann* (Abb. S. 163) besteht aus einzelnen Papiermaché-Teilen, die über Haken miteinander verbunden sind. Zunächst werden die Einzelteile aus Papierbrei geformt. Formen Sie dann aus Blumendraht kleine Haken und Ösen und schrauben diese, sobald das Material ein wenig angetrocknet ist, fest in die Arme und die Schultern des Papiermannes. Die Haken an den Oberarmen werden in die Ösen an den Schultern eingehängt. So sind die Arme beweglich und können das Gewicht, welches erst zum Schluß des Arbeitsvorganges hinzugefügt wird, bis über den Kopf hochstemmen. Sollten sich die Ösen und Haken lockern, kleben Sie diese erneut mit einem guten Leim oder Sekundenkleber an die vorgesehenen Stellen.

Laufende Tiere

Material: Papiermaché-Brei, Papier, Kleister, Tasse, Fett, Zwirnsfaden, Gummiband, Korken

Mechanisches Spielzeug aus Papiermaché ist leicht herzustellen. Mit wenig Aufwand kann Tieren aus Papiermaché eine einfache Mechanik eingebaut werden, die es ihnen erlaubt, mehrere Meter zu laufen. Der Körper eines solchen Tieres wird mit Papiermaché geformt. Sie können eine Halbkugel aus Papiermaché herstellen, indem Sie diese frei in Ihrer Hand formen, sie können aber auch mit Hilfe eines Unterbaues den Körper aus Papierstreifen aufbauen. Nehmen Sie eine Tasse oder eine kleine Schüssel, streichen diese außen mit Fett ein und bedecken diese anschließend kreuz und

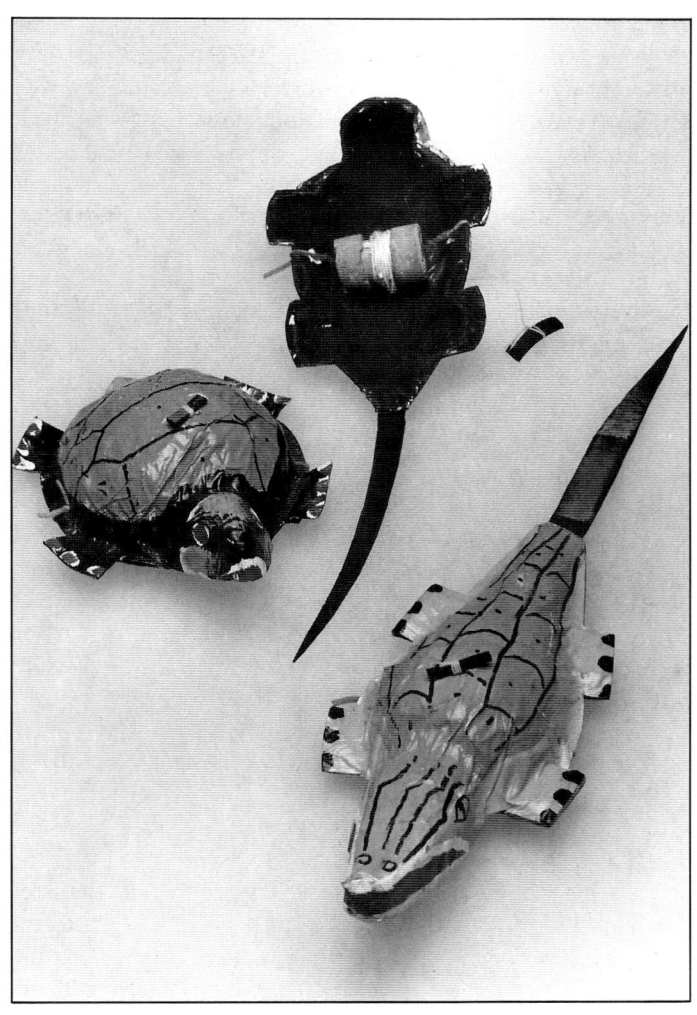

Laufende Tiere. Bei dem auf dem Rücken liegenden Stück erkennt man die Mechanik: Drei Löcher im Korpus (an den Seiten und in der Mitte des Tierrückens) dienen zur Befestigung des Gummis und des Fadens des rollenden Tieres; der Korken wird der Länge nach durchstochen, in der Mitte muß für die Aufwicklung des Fadens eine Rille geschnitzt werden.

quer mit Papierstreifen. Details wie Ohren, Schwanz oder Kopf dieser Tiere werden mit Papier, Papiermaché oder Karton anmodelliert. Nach dem Trocknen werden die Tiere von der Form abgehoben und angemalt. Erst dann montieren Sie die aufziehbare Mechanik: Stechen Sie mit einer Ahle, einer Scherenspitze oder einer dicken Stopfnadel zunächst ein kleines Loch in die Mitte des Tierrückens. Zwei weitere Löcher werden auf beiden Flanken des Tieres gebohrt, wenige Millimeter vom unteren Rand entfernt.

Der Korken wird folgendermaßen präpariert: Durchbohren oder durchstechen Sie den Korken der Länge nach. Schnitzen Sie eine Rille in den Körper des Korkens. Knoten Sie dann einen Zwirnsfaden fest um die Korkentaille. Der Rest des Fadens wird in die Rille des Korkens gewickelt. Folgendermaßen wird der Korken eingebaut: Durch den Bohrkanal des Korkens und die Löcher in den Flanken des Tieres

›Verkündigung‹, Papiermasse-Reliefbild, um 1570/80. Museum für Kunst und Kulturgeschichte der Hansestadt Lübeck

wird ein Gummiband gezogen und festgeknotet, wie auf der Photographie zu sehen. Drehen Sie den Korken, so daß die Gummibänder sich ineinander verzwirbeln. Dann ziehen Sie den Zwirnsfaden durch das obere Loch im Tierrücken hindurch. Um zu verhindern, daß sich der Faden ganz auf den Korken aufwickelt, binden Sie einen kleinen Knebel, ein Holzstück oder ähnliches, am oberen Ende des Fadens fest. Wenn Sie alles richtig zusammengebaut haben rollt das Tier: Sie ziehen den Faden so weit als möglich nach oben hinaus, stellen das Tier auf den Boden und lassen den Faden los. Der Korken wird sich durch den verzwirbelten Gummifaden, der wie eine Feder wirkt, drehen und den Faden aufziehen – das Tier rollt auf dem Korken.

Papiermaché-Relief

Material: feiner Papiermaché-Brei, Kleister, Grundplatte aus Holz, Glas, Schiefer oder Metall, Nudelholz, Öl, Baumwolltuch, Modellierwerkzeug, Pinsel, Wasser

Sie nehmen ein Stück der feinen Papiermaché-Masse, drükken das überflüssige Wasser zwischen den Händen gut aus und formen einen dicken Papierball daraus. Diesen Ball rollen Sie anschließend auf einer Glasplatte oder einer anderen glatten Unterlage vorsichtig mit einem Nudelholz auf etwa 3 cm Dicke in der erforderlichen Größe aus. Die Glasplatte sollte gut eingefettet sein, damit sich das Bild nach dem Bearbeiten einfach ablösen läßt. Fetten Sie auch das Rundholz vor der Benutzung gut an, sonst klebt der Papierbrei am Holz. Ist der Papierbrei gleichmäßig flach gedrückt, legen Sie ein saugfähiges Baumwolltuch auf die Platte und pressen die eventuell noch vorhandene Flüssigkeit durch wiederholtes Aufdrücken des Tuches aus. Hiernach kann mit Modellierwerkzeugen fein modelliert und graviert werden. In die Papiermaché-Platte können Vertiefungen gedrückt werden. Man kann jedoch auch durch das Auflegen frischer Masse Erhöhungen schaffen. Es ist wichtig, daß das Papiermaché beim Modellieren etwas feucht bleibt. Sollte die ein oder andere Stelle zu trocken werden, überfahren Sie diese Stellen mit einem in Wasser getauchten Pinsel. Dann läßt sich die Masse wieder bearbeiten.

Ein Papiermaché-Relief muß langsam an der Luft trocknen, da sonst die Gefahr besteht, daß Risse entstehen. Nachdem das ausgearbeitete Relief ganz ausgetrocknet ist, wird es mit verdünntem Kleister überzogen. Diesen Überzug läßt man trocknen. Dann kann man das Werkstück mit einem Poliergriffel oder feinem Schmirgelpapier glätten. Papiermaché-Reliefs können bemalt, mit zusätzlichen Materialien dekoriert oder gerahmt werden.

Aufbauen

Material für außen: Papiermaché-Brei, Papierstreifen oder -fetzen, Kleister
Material für den Kern: zerknülltes Papier, Holz, Draht oder Drahtgeflecht, Pappe, Luftballons, Schüsseln, Äste, Papierknäuel, Plastikbecher oder ähnliches
Werkzeug und Hilfsmittel: Klebeband, Nägel, Hammer, Seil, Kordel, Draht- oder Gartenschere, Kombizange, Öl oder Vaseline als Trennmittel
Nicht alle Papiermaché-Objekte bestehen ganz und gar aus Papier. Papiermaché allein wäre bei größeren Objekten zum einen nicht stabil genug, zum anderen würde es wahrscheinlich Probleme beim Trocknen von großen, massiven Papiermaché-Objekten geben – je dicker eine Papiermaché-Schicht ist, umso länger dauert das Trocknen und umso eher kann ein solches Objekt schimmeln, bevor es völlig ausgetrocknet ist. Größere Papiermaché-Objekte bestehen daher meist aus einem Grundgerippe, auf das Papier geklebt oder um das herum Papiermaché als eine feste Außenhaut modelliert wird. Arbeiten, für die nur Papierstreifen verwendet werden, das heißt auf den Papiermaché-Brei vollständig

verzichtet wird, bezeichnet man auch als Papierkasché-Objekte.

Wie das Innenleben Ihrer Papiermaché-Figur aussieht, bleibt Ihrer Phantasie überlassen – hier sind Ihnen keine Grenzen gesetzt. Was immer Sie im Hause haben, aus dem Garten oder Abfall besorgen können, kann verwendet werden. Je nachdem, wie groß eine Figur werden soll, kann die Grundform zusammengeknülltes Papier sein, ein Joghurtbecher, Draht, eine Papprolle, Wellpappe oder ähnliches. Bei einigen Figuren muß man allerdings aus Gründen der Statik mit stabilen Hilfskonstruktionen aus Holz oder Maschendraht arbeiten. Das *Flugtier* (Abb. S. 162) beispielsweise ist auf einer Konstruktion aus Hühnerdraht aufgebaut, ein anderes Papiermaché-Tier, auf dem man sitzen kann, besteht, damit es nicht zerbricht, in seinem Inneren aus einem Holzstuhl, wieder andere kleinere Objekte werden um ein Gestell aus Draht modelliert.

Im folgenden Kapitel werden verschiedene Papiermaché-Objekte erläutert, deren Herstellung unterschiedlich schwer ist und deren Skelett aus verschiedenen Materialien hergestellt ist. Beginnen Sie mit einem kleinen Objekt mit Papier- und Pappkern. So können Sie sich mit dem Material vertraut machen und ausprobieren, wie es sich während des Trocknens verändert. Mit etwas Erfahrung nehmen Sie andere Materialien hinzu und kombinieren diese mit Papiermaché.

Innenaufbau aus Papier und Pappe: Hase (a), *Schwein* (b), *Ente und Rabe* (c)

Kleinere Papiermaché-Objekte lassen sich um einen Kern aus zerknülltem Papier oder Pappe herum formen. Das Material ist leicht zu beschaffen und läßt sich mit ein wenig Geschick in jede beliebige Form modellieren.

(a) Material: Papiermaché-Brei, Papierknäuel, Kleister, Kartonstreifen (für die Ohren), Papierstreifen

Um das Gerüst für einen *Hasen* herzustellen, benötigen Sie nur Papier und Karton. Das Innenleben dieses Tieres besteht

Dieter Boers, Material für die Herstellung von Papierkasché, Collage

aus Papierknäuel, welche mit Hilfe von Papiermaché-Brei und Papierstreifen zusammengehalten und in Form gebracht werden. Beginnen Sie, wie auf der Abbildung zu sehen ist, grob die Form des *Hasen* mit Hilfe von leicht angefeuchteten

Papierknäuel zu kneten. Bauen Sie die Figur von innen sorgfältig auf, und werden Sie nach außen hin immer detaillier-
ter. Die Papierknäuel werden mit Papierstreifen zusammengehalten und überklebt. Kleinere Unebenheiten, die nicht
mit zusammengeknülltem Papier ausgeglichen werden können, streichen Sie mit Papiermaché-Brei glatt. Nachdem die
grobe Form modelliert ist, lassen Sie den *Hasen* ein wenig
antrocknen, so arbeitet es sich später leichter weiter.

Wichtig ist, daß die Figur von Innen her austrocknen
kann, damit sie nicht fault und schimmelt. Hierfür sollte der
Hase entweder einige Tage auf der Heizung oder in der
Sonne stehen. Falls die Luft zu feucht ist, kann das Papiermaché-Objekt einige Stunden im Backofen bei ca. 50 Celsius
trocknen.

Die Ohren des *Hasen* sind aus Kartonstreifen geschnitten,
mit Papierstreifen an den Kopf angeklebt und feucht mit ein
wenig Papiermaché-Brei in die richtige Form gebracht. Die
Übergänge werden mit übereinandergeklebten Papierstrei-

Hase aus Papier-
kasché

fen kaschiert und mit Kleister glattgestrichen. Wenn die Figur ausgetrocknet ist, kann sie glattgeschmirgelt und bemalt werden. Bei diesem Werkstück wird deutlich, wie lebendig solch ein einfach geformtes Tier wirken kann, wenn man sich bei der Bemalung Mühe gibt.

(b) Material: Papiermaché-Brei, Kleister, Papprolle, Papierstreifen, buntes Papier zum Dekorieren

Das Innere dieses *Schweines* besteht aus Pappe und Papier. Eine Papprolle (Innenteil einer Toilettenpapierrolle) bildet das Skelett des *Schweines*; Beine und Kopf bestehen aus zusammengeknülltem Papier, zusammengehalten werden diese Teile mit Papierstreifen und Papiermaché-Brei. Beginnen Sie mit dem Körper des Tieres. Um die Papprolle herum modellieren Sie den Leibesumfang und die Körperrundungen mit Papiermaché-Brei und Papierstreifen. Für die Herstellung der Beine reißen Sie einige Papierstreifen, so breit, wie das Schwein hoch sein soll, rollen diese zu vier festen Rollen und kleben diese fest zusammen. Der Kopf wird aus einem Papierknäuel geformt und mit Papierstreifen zusammengeklebt und kaschiert, wobei die Ohren aus den Papierstreifen herausgearbeitet werden.

Wenn die Rohform des Tieres eingetrocknet ist und stabil steht, können Sie sich der Feinarbeit zuwenden. Größere Unebenheiten gleichen Sie mit Papiermaché-Brei oder kleinen eingearbeiteten Papierknäuel aus. In diesem Stadium können Sie dem *Schwein* noch ein wenig mehr ›Speck‹ um den Bauch legen, aus den stelzenförmigen Beinen richtige

›Schweinebeine‹ aus zusammengerolltem Papier

Schweinshaxen formen und Feinheiten wie Ohren, Nase, Augenwülste und Schwanz detailliert ausarbeiten. Der Papierbrei wird mit den Fingern dünn aufgetragen und glattgestrichen. Tauchen Sie Ihre Finger beim Glätten der Oberfläche immer wieder in Wasser, damit der Papierfaserbrei möglichst fein und geschmeidig bleibt und nicht an den Händen klebt. Die fertig modellierte Figur muß gut durchtrocknen. Eine Alternative zu der Bemalung der Papiermaché-Tiere: Sie können auch mit farbig bedrucktem Papier, zum Beispiel aus Comic-Heften, beklebt werden (Abb. S. 167).

(c) Material: Papiermaché-Brei, Papierstreifen, Kleister

Ihrer Phantasie sind bei der Verarbeitung von Papier keine Grenzen gesetzt. Als Anregung sind hier noch zwei dekorative Flugtiere gezeigt, eine *Ente* und ein *Rabe*, die trotz einfacher Form und schlichter Bemalung sehr schön und liebenswerte Mitbewohner geworden sind (Abb. S. 164).

Innenaufbau mit Draht und/oder Maschendraht: Drei Männer und Indianer (d), *Raubvogel* (e), *Hund mit Rose* (f), *Stiere* (g)

Papiermaché-Objekte, deren Skelett aus Draht oder Maschendraht besteht, sind recht stabil und dennoch leicht. Der Draht ist flexibel und läßt sich in fast jede beliebige Form biegen und eignet sich daher auch für kompliziertere Formen.

(d) Material: Papiermaché-Brei, Papierstreifen, Kleister, Draht, Zange

Damit sie stehen können, brauchen die *Drei Männer* (Abb. S. 168) und der *Indianer* (Abb. S. 165) ein inneres Gerüst. Für derartige Figuren wird mit einer Zange ein Gerippe aus Draht zusammen mit einer Standfläche in die gewünschte Form gebogen. Dieses Gerüst muß nur grob die Form des Objektes wiedergeben. Um dieses Drahtgerüst herum werden Papierstreifen und Papiermaché modelliert und gut festgedrückt. Achten Sie während der Arbeit darauf, daß die Figur ihr Gleichgewicht hält und frei stehen kann.

Ist die grobe Form der Figur herausgearbeitet, kann man mit der Feinarbeit beginnen. Mit feinem Papiermaché-Brei und bei Bedarf mit Modellierwerkzeugen können Details wie Gesichtszüge und Kleidung modelliert werden. Ist die Figur völlig trocken, kann sie geglättet und bemalt werden.

(e) Material: Papiermaché-Brei, Papierstreifen, Kleister, Draht

Schwieriger herzustellen ist ein solcher *Raubvogel* aus Draht und Papiermaché. Wollen Sie kompliziertere Formen herstellen, ist es sinnvoll, vorher eine möglichst genaue Zeichnung anzufertigen, am besten im Maßstab 1:1. Diese Zeichnung dient Ihnen als Vorlage, nach der Sie aus Draht ein Skelett für die Papiermaché-Figur formen. Biegen Sie mit einer Zange nicht nur die Umrisse des Objektes, sondern auch Querverstrebungen über die Flächen, damit das Papiermaché auf dem Drahtgeflecht genügend Halt findet. Details wie Schnabel und Ohren werden ebenfalls aus Draht gebogen. Biegen Sie alle Drahtenden weit in das Innere des Objektes, damit diese später nicht durch die Papiermaché-Haut hindurchstechen. Ist das Gerüst fertig, können Sie mit dem Kaschieren beginnen. Papierstreifen werden mit Kleister auf das Drahtgerüst in zwei bis drei Lagen übereinandergeleimt.

Norma Kilgour, Drahtgestell für den ›Raubvogel‹, England, 1992

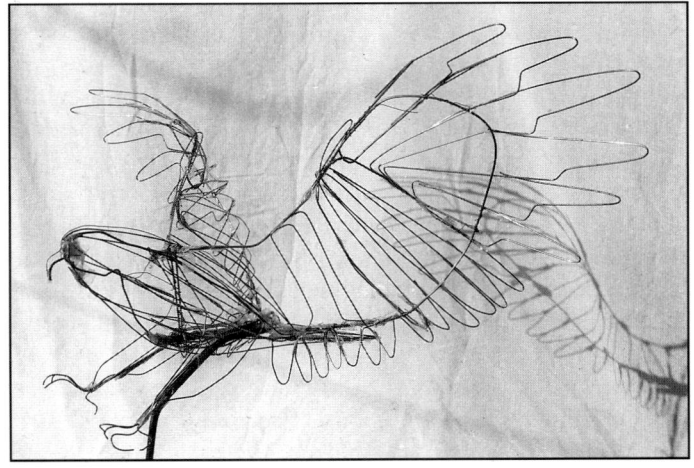

Norma Kilgour, ›Raubvogel‹, England 1992

Hierbei müssen darauf zu achten, daß Sie das Papier sorgsam um das Drahtgestell kleben, so daß keine Unebenheiten und Kanten entstehen und die Außenhaut glatt wird. Dieser *Raubvogel* von Norma Kilgour wurde nach dem Trocknen des Korpus mit Ölfarben bemalt.

(f) Material: Papier, Kleister, Maschendraht, Blumendraht, Zange, Draht- oder Gartenschere

Objekte, deren Gerüst aus dünnem Maschendraht hergestellt ist, sind besonders leicht. Je nach Ausmaß und Stärke des Maschendrahtes lassen sich sowohl großformatige als auch sehr kleine Papiermaché-Objekte auf diese Weise einfach herstellen. Maschendraht läßt sich in Form biegen, drücken oder ziehen. Der Draht ist geduldig und läßt sich solange bearbeiten, bis das Gerüst genau die richtige Form hat. Anfänger müssen sich daran gewöhnen, daß nur die äußere Form wichtig ist. Drahtenden oder überflüssiges

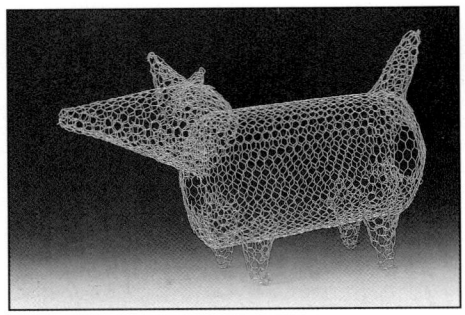

Katharina Eckart,
›Hund mit Rose‹
Photos: Achim
Bednorz

Erster Schritt:
Maschendrahtkern

Zweiter Schritt:
›Hund mit Rose‹
mit Papier beklebt
im Rohzustand

Dritter Schritt:
›Hund mit Rose‹
bemalt und
lackiert

Material kann daher nach innen gebogen werden – es stört
später die Form des Objektes nicht.

Dieser *Hund* besteht aus sechs vorgefertigten Einzelteilen:
dem Körper, dem Kopf und den vier Beinen. Die einzelnen

zylindrischen Formen werden aus jeweils rechteckigen Stücken Maschendraht zurechtbogen, wobei übereinander liegende Drahtgeflechte abgeschnitten werden. Die einzelnen Teile des *Hundes* werden entweder mit überstehenden Maschendrahtenden oder aber mit Blumendraht verbunden. Die Drahtenden werden verknüpft oder so nach innen zusammengesteckt, daß keine Drähte nach außen abstehen. Diese würden sonst durch die Papiermachéhaut hinausragen. Ist das Maschendrahtskelett stabil, wird es mit Zeitungspapier beklebt.

Maschendrahtskelette sind für Papiermaché-Objekte praktisch, da das Papier nicht so dick aufgetragen werden muß. Meist reichen schon zwei oder drei Schichten, die in 24 bis 48 Stunden trocken sind. Dieser *Drahthund* ist zwei Tage nach seiner Herstellung mit Plaka- und Lackfarben angemalt worden.

(g) Material: Papier, Kleister, Maschendraht, Zange, Draht- oder Gartenschere, Kombizange

Mit Resten von Maschendraht lassen sich kleine Tiere formen. Diese lebendig wirkenden *Stiere* (Abb. S. 164) sind aus fünf Maschendraht-Rollen gebogen – eine für den Körper und vier kleine für die Beine. Die Beine werden im üblichen Verfahren an dem Körper befestigt, indem die Drahtenden verzwirbelt werden (nicht vergessen, die Drahtenden nach Innen zu biegen). Ist das Gerüst fertig, werden die Tiere wie oben beschrieben dünn mit Zeitungspapier (zwei bis drei Schichten reichen aus) beklebt und anschließend entsprechend bemalt.

Innenaufbau mit Draht und Holz: Buddha-Figur

Material: Papier, Kleister, Holz, Maschendraht, Nägel, Säge, Hammer, Draht- oder Gartenschere, Kombizange

Um eine große Figur wie diesen *Buddha* zu formen, braucht man ein stabiles Gerüst aus Holz und Draht. Damit die Figur leicht bleibt, sollten Sie so wenig tragendes Material wie

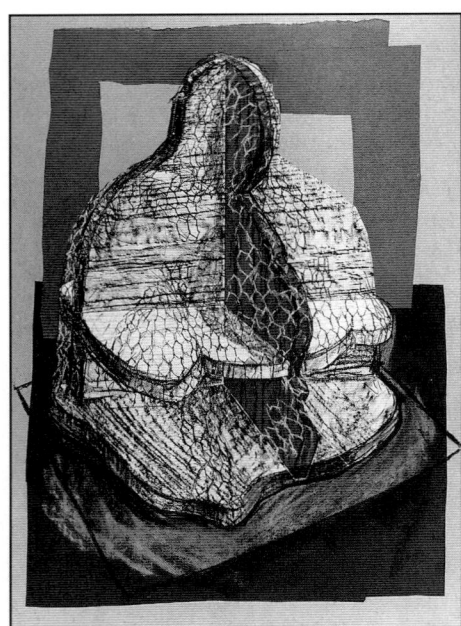

Caspar Boers,
Buddha, 1992 ▷

Dieter Boers,
Aufbautechnik,
Beispiel ›Buddha‹

möglich verwenden. Diese Figur ist folgendermaßen entstanden: Zuerst wurden die verschiedenen Ansichten des
Objektes aufgezeichnet. Dann haben wir einen Längs- und
einen Querschnitt auf die gewünschte Größe gebracht und
diese Formen aus Holz gesägt. Die beiden Holzelemente
wurden dann im rechten Winkel zueinander auf einer
Grundplatte aus Holz befestigt. Wir haben die Grundplatte
als Gestaltungselement sichtbar gelassen. Das Holzkreuz
markierte die groben Anhaltspunkte der dreidimensionalen
Form des *Buddhas*. Dann haben wir ein Drahtgeflecht einmal um das Holzgerüst herumgewickelt und sie so zurecht
gedrückt und gezogen, daß im Groben die Umrisse der Figur
erkennbar werden. Hier und da mußten wir den Draht auf-
schneiden, um die opulente Gestalt des *Buddha* besser ausarbeiten zu können.

Achten Sie darauf, daß der Draht nicht zu engmaschig ist, weil er sonst beim Modellieren zu viel Widerstand bietet. Die Maschen sollten aber auch nicht zu weit auseinanderstehen, um Details besser gestalten zu können. Falls Sie an einigen Stellen den Maschendraht durchschneiden müssen, um ihn besser biegen zu können, so achten Sie darauf, daß die scharfen Enden mit einer Zange sorgsam nach innen gebogen werden müssen. Als das Drahtgeflecht fertig war, haben wir lagenweise mit dem Auftragen der Papierstreifen begonnen bis eine glatte Oberfläche entstand. An einigen Stellen mußten wir mit Papiermaché-Brei ein wenig nachmodellieren, zum Beispiel da, wo der Bauch dicker sein sollte.

Der *Buddha* brauchte etwa vier Tage bis er trocken war. Erst dann haben wir begonnen, die Figur mit Dispersionsfarbe zu bemalen. Zum Schluß bekam er einen Überzug aus Klarlack.

Drücken

Das *Drücken* von Papierbrei in Model, wurde um 1900 besonders bei der Massenfabrikation von Papiermaché-Waren und in der Spielwarenindustrie angewendet. Diese Technik entwickelte sich aufgrund der großen Nachfrage nach Papiermaché-Objekten, aber auch aus dem Bedürfnis der Hersteller, rationell gleiche Teile zu produzieren. Als Massenartikel waren Papiermaché-Waren nun nicht mehr aus freier Hand geformt, sondern konnten beliebig oft in nahezu gleichbleibender Qualität reproduziert werden. Der Rohstoff ist ein feiner Papierbrei, dem früher je nach gewünschter Konsistenz Ton, Kreide, Füllstoffe, Kleister oder Leimwasser zugesetzt wurde.

Sie benötigen zum *Drücken* in jedem Fall eine beständige Grundform. Es gibt die Möglichkeit, fertige Model zu verwenden, die sicherlich in Ihrem Haushalt zu finden sind (Kinderförmchen oder Backformen), oder aber Sie schauen sich in den Bastelläden um, die manchmal Kunststofformen und Maskenrohlinge aus Plastik anbieten. Wenn Sie keine geeigneten Model finden oder sich mit dem Angebot nicht zufrieden geben wollen, können Sie eine beliebige Grundform zum *Drücken* von Papiermaché selbst herstellen.

Zunächst brauchen Sie eine positive Urform des Gegenstandes, den Sie aus Papiermaché herstellen wollen. Aus Ton oder Knetmasse modellieren Sie die gewünschte Grundform von Hand oder mit Hilfe von Modellierwerkzeugen. Früher wurde die Herstellung einer Urform aus Ton bei einem Bildhauer in Auftrag gegeben. Ist eine Form modelliert, so wird diese in Gips gegossen. Es entsteht eine negative Gipsform, in die später der Papierbrei hineingedrückt wird. Damit der Papierbrei nicht an den Wandungen kleben bleibt, muß die Form sorgfältig mit einem Trennmittel (Fett) ausgestrichen werden. Der Brei wird dann sorgfältig in alle Vertiefungen eingedrückt, und erst wenn die Masse angetrocknet ist, wird sie aus der Form gelöst und kann ihrer weiteren Bearbeitung zugeführt werden.

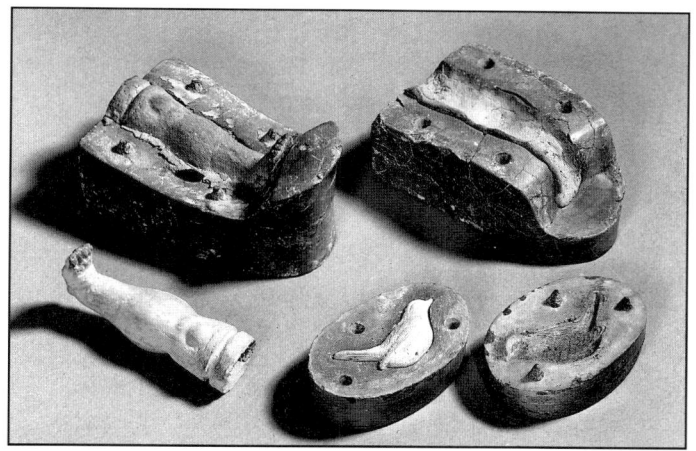

Fleckgedrücktes Puppenbein und vollgedrückter Vogel

Es gibt zwei grundsätzlich unterschiedliche Verfahren des *Drückens*: das *Volldrücken* und das *Fleckdrücken*. Im ersten Fall wird eine Hohlform mit Papiermaché ausgefüllt und es entsteht ein massiver Abdruck. (Abb. S. 203: Das Puppenbein oben ist fleckgedrückt, der Vogel unten ist massiv, also vollgedrückt). Beim Fleckdrücken hingegen wird nur die äußere Form aus Papiermaché nachgebildet. Es entsteht eine Papiermaché-Haut, der Kern bleibt hohl. Die fleckgedrückten Papiermaché-Waren sind zwar leichter, aber auch nicht ganz so haltbar wie die massiv hergestellten Objekte, die kaum je zerbrechen werden.

Backformen (Volldrücken)

Material: Papiermaché-Brei, Kleister, Fett, Backformen

Backformen aus Metall eignen sich hervorragend für die Herstellung von Papiermaché-Objekten. Es gibt solche Backformen in den verschiedensten Größen und Formen: zum Kuchen- oder Plätzchenbacken, für die Herstellung eines

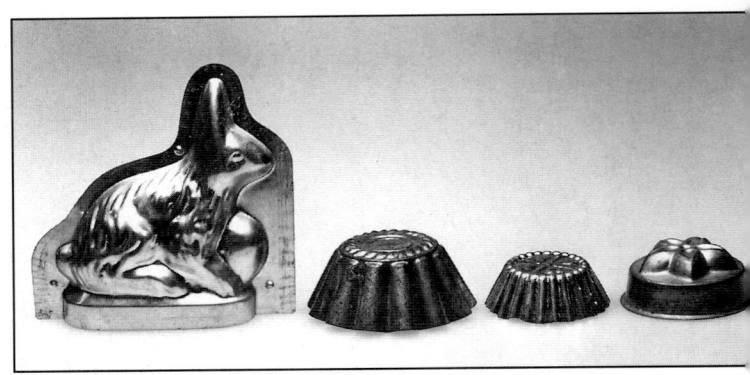

Backformen, in denen man Figuren aus Papiermaché drücken kann

Osterlamm-Kuchens, eines Teighasens oder anderer Back-
waren. Der Papiermaché-Brei zum *Drücken* sollte fein
gemixt sein. Er darf nicht zu naß sein, aber auch nicht zu trok-
ken. Die richtige Feuchtigkeit hat das Papiergemisch dann,
wenn Sie den Brei in den Händen zu einer festen Kugel
zusammendrücken können, ohne daß Ihnen das Wasser
durch die Finger rinnt.

Zunächst werden die Formen mit Öl ausgestrichen, dann
das Papiermaché hineingedrückt. Drücken Sie soviel Papiermaché-Brei wie möglich fest in die Form. Achten Sie darauf,
daß in sämtliche Ausbuchtungen Papiermaché-Brei gelangt.
Da die *vollgedrückten* Papiermaché-Objekte massiv sind,
kann es einige Tage dauern, bis ein größeres Teil trocken ist.
Wenn man allerdings mit Backformen arbeitet, kann man
die fertig gedrückten Objekte mit der Form im Ofen trocknen. Erhitzen Sie den Ofen auf etwa 100° Celsius. Besser ist
es, die Papiermaché-Objekte länger in geringer Hitze zu
trocknen (ca. 3 Stunden) als zu schnell bei hohen Temperaturen. Papiermaché schrumpft beim Trocknen und läßt sich
dann leicht aus der Form heben. Nachdem das Objekt durch-
getrocknet ist, werden die Grate und Unebenheiten glattgeschmirgelt. Dann kann es weiterbearbeitet, bemalt oder
beklebt werden.

Papiermaché-Maske (Fleckdrücken) mit
der Gipsform

Material zum Modellieren: 5 kg Ton, Modellierwerkzeug, Küchenmesser, Stricknadel, Zahnstocher
Material für den Formenbau: etwas Ton, Alabaster- oder Modellgips, Formenkasten, Öl (Salatöl) oder Vaseline, Rührschüssel, Schöpfkelle
Material für die Papiermaché-Maske: Öl, Papiermaché, ein Baumwolltuch, Backrolle, Schwamm
Es gibt in gut sortierten Bastelgeschäften Halbmaskenformen aus Plastik, die als Formen zum Drücken von Papiermaché geeignet sind. Die Auswahl solcher Fertigteile ist jedoch nicht groß. Damit Ihrer Phantasie beim Arbeiten mit Papiermaché keine Grenzen gesetzt sind, soll hier am Beispiel einer Maske erklärt werden, wie Sie eine beliebige Gipsform und anschließend Papiermaché-Masken herstellen können. Die Form sollte aus Gips sein, weil er besonders saugfähig ist. Er entzieht dem feuchten Papiermaché schnell die Feuchtigkeit und trägt dazu bei, daß die Formen schnell trocknen.

Zuerst formen Sie aus Ton oder einer anderen Knetmasse die Positivform eines Gesichts. Modellieren Sie deutlich die Details wie Nase, Augenbrauen, Hautfalten etc. Die Feinhei-

Hohlgedrückte Papiermaché-Masken, um 1930. Museum der Deutschen Spielzeugindustrie, Neustadt

ten können auch mit Modellierwerkzeugen herausgearbeitet werden. Denken Sie daran, die Stirn einer solchen Form weit bis in die Mitte des Kopfes nach hinten auszuarbeiten, damit die spätere Maske, wenn Sie sie anziehen wollen, groß genug ist. Nachdem das Tonmodell getrocknet ist, wird die Negativform in Gips abgenommen. Es gibt zwei Möglichkeiten aus einer Tonskulptur eine Negativform aus Gips abzuformen: Sie können die Skulptur abgießen oder abformen.

Die Form wird mit dem Gesicht nach oben auf die Arbeitsfläche gelegt. Um die Form herum bauen Sie in einem Abstand von ca. 5 cm einen rechteckigen Rahmen aus Holz, Ton oder Plastik. Die Ränder sollen den höchsten Teil der Skulptur mindestens um vier Zentimeter überragen. Der Rahmen kann mit einem Band oder einer Kordel zusammengehalten werden. Fetten Sie die positive Urform gut ein, um später das Abheben des Gipsabgusses zu erleichtern. Pinseln Sie als Trennmittel Öl auf den Ton oder reiben die Skulptur mit Vaseline ein. Achten Sie darauf, daß die gesamte Oberfläche sehr sorgfältig, aber nur dünn eingeschmiert ist, damit feine Details der Vorlage nicht zerstört werden. Nun wird der Gips entsprechend der beiliegenden Anleitung angerührt. Er sollte für einen Abguß flüssig sein, so daß er leicht

206

mit einem Schöpflöffel herauszuheben ist. Mit einem solchen Löffel gießt man nun vorsichtig den Gips über die Skulptur bis er die höchste Stelle der Tonfigur etwa 3 cm überragt. Gießen Sie langsam, und geben Sie acht, daß keine Luftblasen mit eingegossen werden. Den gegossenen Gipsklotz lassen Sie einige Stunden trocknen. Wenn der Gips hart geworden ist, kann der Rahmen entfernt werden. Der negative Gipsabdruck der Tonskulptur wird vorsichtig abgehoben und zum endgültigen Austrocknen fortgelegt.

Unsere Tonskulptur wird ähnlich vorbereitet. Sie legen die Form vor sich auf eine Arbeitsplatte und pinseln die Oberfläche sorgfältig und dünn mit Fett ein. Der Gips wird entsprechend der Packungsbeilage sämig angerührt und sollte eine wachsartige Konsistenz haben. Nun bestreichen Sie mit einem Löffel Ihre Tonmaske rundherum schichtweise mit Gips, bis sich eine etwa 3 cm dicke Schicht gebildet hat. Auch hier ist darauf zu achten, daß keine Luftblasen in die Gipsschicht mit eingearbeitet werden. Nachdem Sie die Tonform vollständig mit einer etwa gleichmäßig dicken Gipsschicht eingeschmiert haben, lassen sie den Gips hart werden. Dann trennen Sie das negative Gipsmodell von der Tonform ab und lassen den Gips endgültig austrocknen. Die Gipsmasken sind weiterzuverwenden, sobald sie trocken sind. Falls sich aber an wichtigen Stellen Unebenheiten zeigen, sollten diese zunächst mit Schmirgelpapier geglättet werden. Schütteln Sie sämtliche Schmirgelreste gut aus,

wischen Sie den Staub ab und streichen Sie die Gipsmaske sorgfältig mit Fett aus.

Der Papiermaché-Brei sollte nicht zu naß sein. Drücken Sie ihn in kleinen Portionen zwischen den Händen gut aus, um das überflüssige Wasser zu entfernen. Formen Sie aus dem ›Teig‹ zwischen den Händen kleine Papierbreiballen und walzen diese mit einer Nudelrolle in fingerdicke Platten aus. Überdecken Sie den Papierteig mit einem mehrfach zusammengeschlagenen Baumwolltuch und drücken es mit den Händen auf den Brei, um ihm noch mehr Wasser zu entziehen.

Dann legen Sie die einzelnen Platten überlappend bereit und drücken sie mit den Fingern oder eigens für diesen Zweck angefertigten Hölzchen in die Gipsformen hinein. Dies muß sehr sorgfältig geschehen, damit die Papiermaché-Platten nicht zerreißen. Bei extremen Vertiefungen, zum Beispiel bei der Nase, drückt man ein extra Klümpchen Papiermasse hinzu. So werden die herausragenden Stellen haltbarer und beim Trocknen wird das Zerreißen vermieden. Ist das Papiermaché angetrocknet, kann die eingedrückte Masse behutsam aus der Form herausgehoben werden.

Die fertige Maske wird mit dem Gesicht nach oben gekehrt zum Trocknen hingelegt. Achten Sie darauf, daß die Papiermaché-Maske von allen Seiten gut belüftet ist. Im Sommer können die aus den Formen gehobenen Masken an der Sonne und in der Luft trocknen (jedoch ohne direkte Sonneneinstrahlung), im Winter dagegen reicht meist die Wärme eines gut geheizten Zimmers aus. Bei zu feuchtem Klima sollten die Masken für einige Stunden auf der Heizung oder aber im schwach geheizten Backofen (bei 50° C und offener Backofentür) austrocknen. Wenn die Papiermaché-Masken hart geworden sind, können sie geschmirgelt, bemalt oder beklebt werden.

Beim Trocknen der Maske kann es geschehen, daß sich die Form ein wenig verändert oder das Papiermaché Risse bekommt. Um die Maske in die ursprüngliche Form zu bringen, kann man mit einem Modellierstäbchen und einem kleinen Klümpchen Papiermaché die Form der Maske auch nach dem Trocknen noch glätten und leicht verändern.

Schneiden Sie dann die Augenöffnungen mit einer kleinen spitzen Schere in die Maske. Achten Sie darauf, daß diese in der richtigen Höhe und im richtigen Abstand voneinander angebracht sind, damit man auch tatsächlich durchschauen kann. Ist die Außenfläche des Papiermachés mit größter Sorgfalt fertig modelliert und bearbeitet worden, widmen Sie sich dem Inneren der Maske. Die Grate und größeren Unebenheiten im Inneren der Maske, an den Rändern und den Augenhöhlen werden mit einer feinen Schere oder einem scharfen Messer weggeschnitten und anschließend mit einem mittelfeinen Sandpapier glattgeschmirgelt. Damit Sie die Maske aufsetzen können, müssen Sie ein Band zur Befestigung anbringen. Mit Hilfe einer dicken Nadel oder Ahle bohren Sie rechts und links in Höhe der Augen zwei Löcher, durch die ein Gummiband gezogen wird.

Gießen

Das Gießen von Papiermaché wurde in Anlehnung an die Porzellanherstellung entwickelt und 1894 nach langen Versuchen von dem Modelleur Martin Heidler für die Puppenfabrikation als Patent angemeldet. Die Bestandteile dieser ersten gießfähigen Papiermasse waren neben Lumpenpapier (zerrissen und gekocht) Tonerde (=Kippendorfer Ton) sowie tierischer Leim und Soda. Der Ton wurde in einer Trommelmühle mit Wasser zu einem flüssigen Brei vermengt. Das zerkleinerte und zerkochte Lumpenpapier mischte man in der Trommelmühle mit dem Tonbrei zu einem flüssigen Brei. Hauptbestandteil der Masse war in diesem Fall die Tonerde. Der Papierbrei hielt die Masse leicht und elastisch. Der Leim diente als Binde- und Härtemittel.

Gegossen wurde die flüssige Papiermaché-Masse in Gipsformen. Der Gips saugte die Flüssigkeit aus dem Massebrei. Die Masse verdichtete sich und setzte sich wie beim Porzellan an der Gipswand als Schicht ab. Je nach gewünschter Schichtstärke ließ man den Brei längere oder kürzere Zeit anziehen. Je länger der Brei in der Gipsform blieb, umso dikker wurden die Wandungen (und umgekehrt). Der Rest wurde zurückgegossen und weiterverarbeitet. Gegossenes Papiermaché bestand früher aus noch weiteren Zutaten. Einem historischen Rezept ist zu entnehmen, daß die Zusammensetzung nur zu einem Fünftel aus Papier bestand: Die Hälfte der Masse bestand aus fein gemahlenem und geschlemmten Tonschiefer und aus gebranntem Gips. Damit wurden vorwiegend Puppenköpfe hergestellt, die den teuren aus Porzellan so ähnlich wie möglich sehen sollten.

Im Vergleich zum herkömmlichen Papiermaché wird zum Gießen eine recht flüssige Masse gebraucht. Die Papierschnipsel müssen gut eingeweicht und sehr klein gemixt werden. Wer möchte, kann verschiedene Mixturen mit den obengenannten Ingredienzien versuchen. Dies ist aber für einfache Papiermaché-Gießarbeiten nicht notwendig. Es gibt verschiedene Möglichkeiten mit dem flüssigen Papierbrei zu arbeiten.

Gießen mit Gipsformen

Material: Gipsform, Papiermachébrei

Papiermaché-Brei kann in eine Hohlform aus Gips gegossen werden. Da Gips der Papiermaché-Masse schnell Feuchtigkeit entzieht, kann bereits nach wenigen Minuten, sobald sich eine Kruste an den Wandungen der Gipsform gebildet hat, die überschüssige noch flüssige Masse abgegossen werden. Schon bald kann dann die leicht angetrocknete Papiermaché-Form der Hohlform entnommen und zum Trocknen fortgelegt werden. Jetzt ist die Form des dünnwandigen Papiermaché-Objektes noch flexibel. Ist es erst einmal richtig ausgetrocknet, überrascht die Festigkeit und Stabilität der dünnen Papiermaché-Haut.

Die Konsistenz und die äußere Erscheinung der gegossenen Papiermaché-Objekte sind wie die des Porzellans. Die

Papierfasern sind so miteinander verwoben, daß sie beim fertigen Objekt nicht mehr als ›typisch Papier‹ erkennbar sind. Nur das Gewicht und die Oberflächenstruktur verraten, daß es aus Papiermaché ist.

Gießen einer Schüssel in Stoff

Material: ein großes Baumwolltuch (ca. 1.50 m x 1.50 m)

Wenn Sie keinen Wert auf eine gleichmässige Form legen und nicht mehrere gleiche Objekte herstellen wollen, tut es ein großes Tuch als Grundform für eine Schüssel auch. Mit Hilfe des Tuches erhalten Sie ein Papiermaché-Einzelstück in unverwechselbarer Form. Die Herstellung eines solchen Objektes dauert mehrere Tage. Eine Papiermaché-Schüssel zu gießen, erfordert Phantasie und Improvisationsgabe.

Das Tuch befestigen Sie zwischen drei Stühlen oder einem Wäscheständer so, daß eine gleichmäßige Kuhle entsteht. Den Boden unter dem Tuch legen Sie mit eine Plastikfolie oder mit mehreren Lagen Zeitungspapier aus. In diese Stoffkuhle wird der feine flüssige Papierbrei in kleinen Portionen gegossen. Sie lassen ihn langsam von den Rändern zur Mitte hin fließen und schwenken das Tuch anschließend gleichmässig im Kreis. Die erste an dem Tuch klebende Schicht lassen sie antrocknen. Erst dann geht es weiter. Schütten Sie noch einmal eine kleine Portion Papiermaché-Brei von den Rändern zur Mitte hin ins Tuch. Diese zweite Schicht wird sich über die erste legen und diese verstärken. So geht es weiter bis die richtige Wandstärke für Ihr Objekt erreicht ist. Wichtig ist, daß Sie die gegossene Papiermaché-Schicht vor dem nächsten Arbeitsgang antrocknen lassen. Nur so kann die Wand dicker werden. Wenn Sie flüssiges Papiermaterial auf noch feuchtes Papiermaché gießen, läuft der ganze Brei zum tiefsten Punkt des Tuches. Nachdem auf diese Weise eine Schüssel entstanden ist, kann das Tuch entfernt werden und die Schüssel wie auf Seite 216 beschrieben weiterverarbeitet werden.

Überformen oder Schichttechnik (Papierkasché)

Als früheste Form der Herstellung von Papiermaché-Waren gilt das Überformen, das schichtweise Bekleben eines Objektes mit Papier. Die Schichttechnik, auch Kaschieren genannt, eignet sich besonders zur Produktion von Hohlwaren wie Dosen, Schachteln, Büchsen und anderen relativ unkomplizierten Gegenständen. Das Papiermaché wird auf einen vorhandenen Gegenstand schichtweise aufgeklebt (darübergeformt) und kann nach dem Trocknen abgehoben werden. So erhält man den Abdruck einer dreidimensionalen Vorlage, der beliebig oft reproduzierbar ist. Bevor mit dem Auftragen des Papiers begonnen wird, muß auf die Grundform eine Trennschicht aus Fett aufgetragen werden, damit sich das Papiermaché nach dem Trocknen leicht ablösen läßt.

Schüsseln, Teller, Tabletts

Material: zerrissenes Zeitungspapier, Kleister, eine Schüssel, ein Tablett oder ein Teller, Fett (Trennmittel)
Für Anfänger eignet sich zum Erlernen des Kaschierens eine Porzellan- oder Glasschüssel, ein Teller oder ein Tablett.

Tablett mit zum Teil wellenförmigem Rand

Zunächst wird die Grundform auf der Seite, die abgeformt werden soll, sorgfältig mit Öl eingestrichen. Achten Sie darauf, daß besondes die Ränder der Schüssel, des Tellers oder des Tabletts gut eingefettet sind. Nun werden kleingerissene Papierschnipsel (ca. 2 x 2 cm) in mehreren Lagen mit reichlich Kleister übereinander geklebt. Jedes Papierstück wird fest an die Vorlage an- und glattgedrückt, so daß zwischen zwei Papierlagen keine Luftblasen eingeschlossen werden. Je nachdem, welchem Zweck Ihr ›Papiermaché-Abklatsch‹ dienen soll, wird er aus drei bis zehn übereinandergeklebten Papierlagen hergestellt.

Nach dem Trocknen kann das Papierobjekt vorsichtig von der Vorlage abgetrennt werden. Der Rand kann mit einer Schere glatt oder zum Beispiel in Wellenform geschnitten werden. Bei komplizierteren Formen wie etwa Vasen ist das Abheben der Papiermaché-Haut aufwendiger. Sie wird vorsichtig mit einer Schere in zwei Teile geschnitten. Anschließend werden die beiden Hälften mit Papierstreifen sorgfältig zusammengeklebt, so daß keine Naht mehr erkennbar ist.

Masken

Material: zerrissenes Zeitungspapier, Kleister, eine Maske (z. B. aus Gips), Fett (Trennmittel)
Mit Hilfe einer Negativ-Gipsform können Sie leicht eine Maske im Papierkasché-Verfahren herstellen. Die Gipsform wird innen gut mit Öl eingefettet. Bestreichen Sie nun die Papierstreifen und -schnipsel mit Kleister und kleben diese innen kreuz und quer in die Maske hinein. Sorgsam muß jede Vertiefung der Maske mit Papier ausgelegt und festgedrückt werden. Eine benutzbare Maske sollte mindestens aus vier bis sechs Lagen Papier bestehen. Ist das Papier angetrocknet, kann die Maske aus der Negativform herausgenommen werden. Die ausgetrocknete Masken-Form wird mit Schmirgelpapier geglättet. Dann kann Sie mit Wasserfarben oder Lack bemalt oder anders dekoriert werden.

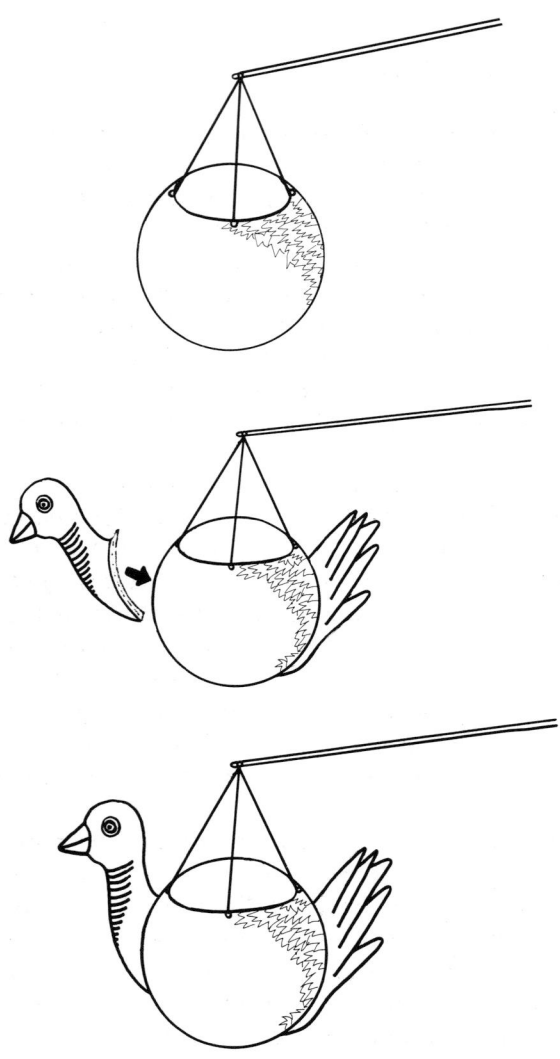

Ballförmige Laterne mit verstärkter oberer Öffnung: An dieser Öffnung bohren Sie drei Löcher, durch die als Aufhänger Draht gezogen und oben verzwirbelt wird. Eine Papiermaché-Laterne kann mit angeklebten Pappteilen und entsprechender Bemalung in einen Hund, eine Ente, ein Krokodil etc. verwandelt werden.

Papierkasché über Luftballons:
Laternen und Schüsseln

Material: Zeitungen, Seiden- oder Japanpapier, Kleister, Luftballons in den unterschiedlichsten Größen und Formen, eine Flasche, einen Faden und einen Stein oder ähnliches als Gewicht

Blasen Sie einen Luftballon stramm auf und verschließen sie ihn mit einem Knoten. Binden Sie zusätzlich einen Faden um den Knoten und befestigen Sie das Gewicht daran (zum Beispiel einen Stein), welches durch den Hals der Flasche passen muß. Der Faden sollte so lang sein, daß das Gewicht den Boden der Flasche nicht berührt, den Ballon aber auf den Flaschenhals zieht.

Nun können Sie beginnen, den Ballon mit kleinen Schnipseln Papier zu umkleben. Wichtig ist hierbei, daß die Papierschnipsel klein sind, damit sie keine Falten werfen. Achten Sie darauf, daß das Papier schichtweise überlappend gut aufeinander klebt, damit keine Hubbel oder Blasen entstehen.

Mit Luftballons als Grundform können Sie ganze Kugeln aus Papier formen, aber auch Schüsseln und flache Schalen. Nach etwa zwei Tagen sind die Papierschichten getrocknet. Der Luftballon kann dann mit einer Nadel zum Platzen gebracht werden, ohne daß die äußere Papierschicht an Stabilität verliert.

Um eine *Laterne* herzustellen, lassen Sie beim Umkleben des Luftballons oben eine kreisrunde Öffnung frei oder schneiden sie nach dem Trocknen in den Papierball. Für die Herstellung von *Laternen* ist es sinnvoll, weißes oder farbiges Seiden- oder Japanpapier zu verwenden. Nach dem Trocknen des Papierballs muß der Luftballon zum Platzen gebracht und die Gummireste sorgfältig herausgelöst werden. Der obere Rand der Öffnung wird sorgfältig mit Papier oder einem Pappring verstärkt. In diese Verstärkung werden drei Löcher im gleichen Abstand hineingestochen, durch die ein dünner Draht zum Aufhängen (vgl. Abb. S. 214) der Laterne befestigt wird.

Schüssel,
Fa. Ludwig Beck
und Radspieler,
München. Photo:
Thomas Mayfried

Nun kann die Laterne bemalt oder mit Papierapplikationen beklebt werden. Anschließend wird die ganze Laterne dick mit Leinöl eingestrichen, so daß das gesamte Papier mit Leinöl durchtränkt ist. Dies macht die Laterne nach dem Trocknen stabil und durchscheinend. Hängen Sie die Laterne zum Trocknen auf. Nachdem Trocknen legen Sie einen Pappboden mit einer Kerze in den Ballon und kleben diesen mit Papierkleber gut fest – Kerze anzünden: fertig. Mit Hilfe von Pappdekorationen kann aus einem einfachen Papiermaché-Ball eine Ente, ein Krokodil oder ein Hund werden.

Anstatt eine Schüssel aus Porzellan oder Glas kann auch ein Luftballon als Model für die *Papiermaché-Schüssel* dienen. Ein getrockneter, umklebter Papiermaché-Ballon wird in der Mitte durchgeschnitten. Die Ränder lassen sich einfach verzieren, indem sie mit der Schere beliebig beschnitten werden. Damit die *Schüssel* gut steht und nicht kippelt, wird der Boden mit zwei extra Lagen Papier verstärkt oder aber aus einem Pappstreifen ein kreisrundes Füßchen angeklebt.

ANHANG

Anmerkungen

1 Röder-Holzhausen, Das indianische Lackkabinett des Kurfürsten Clemens August in Schloß Brühl, Tübingen, S. 15

2 Lebrun, Charles, 1830

3 Schmidt, Christian Heinrich, Die Benutzung des Papiermâché, zur Verfertigung von Larven, Masken, Tabakdosen etc., 2. verb. Auflage, hrsg. von Anton Winzer, Weimar 1864, S. Vf

4 Schmidt, a.a.O, S. 60 ff.

5 siehe: Lexikon früher Kulturen, Köln 1984, S. 75

6 Eyßvogel, Friedrich Gottlob, Alle Arten der Künstler, Bamberg 1756

7 Andés, Louis Edgar, Die Fabrikation der Papiermaché- und Papierstoffwaren, Berlin 1922, S.5

8 Nicolai, Friedrich, Über den Gebrauch der falschen Haare und Perrücken in alten und neuen Zeiten, Berlin/Stettin 1801, S. 61

9 Hegener, Kristina, Boom mit Luther und mit Karoline, in: Mecklenburg Magazin, 1991, Heft 4, S. 13

10 Huth, Hans, Lacquer of the West, Chicago 1971, S. 97

11 Stobwasser, Christian Heinrich, Die merkwürdigen Begebenheiten aus der Lebensgeschichte von Johann Heinrich Stobwasser, Braunschweig 1830

12 Fuhse, Franz, Vom Braunschweiger Tischlerhandwerk, Braunschweig 1925, S. 24

13 Sträßer, Edith, Lackierkunst und Techniken der Kunst, Stuttgart 1986, S. 277

14 Toller, Jane, Papiermaché in Great Britain and America, London, 1962, S. 100

15 Schumacher, F. W., Chronik der Stadt- und Landgemeinde Lüdenscheid, Althena 1847, S. 26

16   Sax, Emanuel, Die Hausindustrie in Thüringen, Jena 1882, S. 14f
17   Graf Stenbock-Fermor, Alexander, Deutschland von unten, Stuttgart 1931, S. 92 ff.
18   Fleischmann, Adolf, Die Sonneberger Spielwaaren-Hausindustrie und ihr Handel, Berlin 1883, S. 16
19   Dressel, Hans, Die Entwicklung von Handel und Industrie in Sonneberg, Gotha
20   Fleischmann, a.a.O., S. 23
21   Fleischmann, a.a.O., S. 17
22   Eilers, Gerhard, Die thüringer Karnevalsindustrie als Typus hausindustrieller Betriebsformen, Jena 1928
23   Fugmann, Ernst, Der Sonneberger Wirtschaftsraum, Halle 1939

Literaturhinweise

Stadtarchiv Ansbach, No 412p, Laquir-Fabrique 1757, Privileg der Brüder Eberlein

Andés, Louis Edgar, Die Fabrikation der Papiermâché- und Papierstoffwaren, (Chemisch-technische Bibliothek 239) Wien 1900, 2. Aufl. Berlin 1922

Bawden, Juliet, Kreatives Gestalten mit Papiermâché, München 1991

Bielefeld, Charles F., On the Use of the Papier-mâché in Furniture, in the Interior Decoration of Buildings, and in Works of Art, London 1850

Dickinson, George, English Papier-mâché, London 1925

Gerken, Jo Elisabeth, Wonderful Dolls of Papier mâché, Middletown, Connecticut 1971

Haines, Susanne, Papier mâché, London 1990

Jervis, Simon, 14th Century Papier-mâché, London 1973 (Ausstellungskatalog des Victora & Albert Museums)

Jetzek-Berkenhaus, Brigitta, Kreatives Gestalten mit Papiermâché, Niederhausen 1991

Jetzek-Berkenhaus, Brigitta, Basteln mit Papiermâché, Niederhausen 1991

Lehmann, Emmy, Die Sonnenberger Puppenmacher, in: Deutsches Jahrbuch für Volkskunde 4, 1958, S. 393–424

MacNamara, Desmond, A New Art of Papier Mâché, London 1963

Richter, Detlev, Lackdosen, München 1988

Schmidt, Christian Heinrich, Die Benutzung des Papiermâché zur Verfertigung von Larven, Masken, Tabakdosen etc., 2. verb. Aufl. hrsg. von Anton Winzer, Weimar 1864 (Neuer Schauplatz der Künste und Handwerke)

Spaulding de Voe, Shirley, English Papier Maché of the Georgian an Victorian Periods, Middletown, Connecticut 1971

Sträßer, Edith, Lackkunst, Stuttgart 1986

Toller, Jane, Papiermâché in Great Britain and America, London 1962

Winzer, Anton, Die Bereitung und Benützung der Papiermâché und ähnlicher Kompositionen, Weimar 1884

Ziegler, Johann, Kunst-und Werkschule, von einem sonderbaren Liebhaber natürlicher Künste und Wissenschaften, Nürnberg 1696

Zeittafel

200 ca.	werden u. a. in Ägypten die Gesichter der Toten mit einer Mumienmaske geschützt, einer Maske aus übereinandergeleimten Papyrusschichten
1338	wird Frankreichs erste Papier-Manufaktur in Pielle errichtet
1400 ca.	ist Papiermaché als Rohstoff in Kaschmir, China und Japan bekannt
1500	spezialisieren sich in Lecce (Italien) Künstler auf die Anfertigung von Papiermaché-Devotionalien
1550	werden in Nürnberg Fastnachtsrequisiten aus Papiermaché in Buden verkauft
1570 ca.	schnitzt der Lüneburger Ratsbildhauer Albert von Soest das Reliefbild des Lübecker Bischofs Eberhard von Holle in Papiermaché
1615 ca.	bis ca. 1868, während der Edo-Zeit, ist Papiermaché in Japan ein beliebtes Material für die Anfertigung von Möbeln, Spielwaren, Kleidung und diversen Gebrauchsgegenständen
1650	sind Papiermaché-Masken in Italien bekannt
1696	werden in dem Buch *Curieuse Kunst- und Werkschul, von einem sonderbaren Liebhaber natürlicher Künste und Wissenschaften* in Nürnberg verschiedene Rezepte für die Papiermaché-Verarbeitung veröffentlicht
1709	führt Pater Bartholomäus Lourenço de Gusmâo am Hofe König Johann V. von Portugal eine Art Heißluftballon aus Papier vor
1715	trägt die Herzogin von Berry in Frankreich Papierkleidung
1730	machen die vier Brüder Martin mit ihren Lackarbeiten auf Papiermaché in Paris von sich Reden

1740 ca.	werden in Thüringen die ersten Puppen aus Brotteig geformt
1748	errichtet der Papierhändler Masefield eine Papiermaché-Manufaktur in Strand
1756	gründen die Brüder Eberlein eine Fabrik und erhalten ein Jahr später in Ansbach ein Privileg zur Herstellung von Papiermâché-Lackarbeiten
1758	wird als Jahreszahl der ersten Renovierung von Papiermaché-Dekorationen im königlichen Schloß in London angegeben
1760	fertigt John Baskerville in Birmingham bereits viele Papiermaché-Artikel (Tabletts, Geschirr, kleinere Möbel)
1760	produziert John Taylor Papiermaché-Knöpfe in Birmingham
1763	gründet Johann Heinrich Stobwasser in Braunschweig eine Manufaktur zur Lackwarenherstellung und benutzt als Rohlinge Papiermaché
1763	eröffnet J. E. A. Weinzieher in Braunschweig eine Werkstatt für Papiermaché-Waren
1765	gründet Friedrich der Große eine Pappmaché-Fabrik in Berlin
1765	werden erstmals Papiermaché-Arbeiten im Schloß Ludwigslust erwähnt
1765	erscheint in der Zeitschrift *Country Life* ein Artikel über architektonische Papiermaché-Dekorationen in Alscot Park, Warwickshire
1769	findet sich in François de Garsault's Buch *Die Paruckenmacherkust* ein Hinweis auf eine Perücke aus Papiermaché
1770	macht sich Henry Clay mit einer Papiermaché-Manufaktur in Birmingham selbständig, in der er Knöpfe produziert; zwei Jahre später erfindet er wasserfestes und hitzebeständiges Papiermaché

1771	wirbt John Keatin in einer New Yorker Zeitschrift für Papiermaché-Stuck, mit dem Hinweis, er sei dort der erste Papiermaché-Fabrikant
1772	errichtet Stobwasser seine erste Filiale in Berlin
1780 ca.	werden die ersten Papiermaché-Puppen in Sonneberg produziert
1780	gründet Georg Jackson in London die erste Papiermaché-Fabrik für architektonische Dekorationen
1781	wird die Bossiererzunft in Sonneberg gegründet.
1781	wird in Ludwigslust *La Frileuse*, nach der Originalplastik von Jean-Antoine Houdon aus Papiermaché nachgebildet
1784	veröffentlicht Prof. J. S. Stoy in seiner Schrift *Bilder-Akademie für die Jugend*, daß Papier-maché-Puppen weltbekannt sind
1786	sind die ersten Puppenmacher in Neustadt registriert
1788	etabliert sich in Hamburg ein erstes Kom-missionsgeschäft der Ludwigsluster Karton-Fabrik
1788	läßt Lewis Charles Ducrest in London ein Verfahren patentieren, wie Boote, Brücken, Häuser u.ä.m. aus Papiermaché hergestellt werden können
1789	tritt das *Große Sonneberger Handelsprivile-gium* in Kraft.
1790	erscheint in Sonneberg das Pussiererstatut für die Bossierer
1791	wird bekannt gemacht, daß ein »Genie« den Einfall gehabt hat, Perücken aus Papierma-ché zu machen
1793	erbaut man in Bergen (Norwegen) eine Kir-che komplett aus Papiermaché, eine Imita-

	tion des Pantheons in Rom, die erst nach 37 Jahren abgerissen werden muß
1798	gründet Pavel Ivanovitch Korobov auf seinem Gut Danilkovo (Rußland) eine Fabrik für lackierte Papiermaché-Waren
1805	erhalten die beiden Sonneberger Brüder Gottfried und Friedrich Müller die Genehmigung, frei Hand gefertigte Papiermaché-Waren zu produzieren
1810	gibt es in Sonneberg 40 Bossierer
1816	eröffnet Johann Daniel Kestner jr. in Waltershausen eine Fabrik für Verarbeitung und Herstellung von Papiermaché
1818	wird die erste Papiermaché-Fabrik des Erzgebirges in Scheibenberg gegründet
1824	übernimmt P.W. Lukutin Korobov's Fabrik in Rußland
1826	drückt der »nicht zünftige« Gottlieb Bunzel in Neustadt Papiermaché-Puppen und wird von der Zunft verklagt
1830	verkündet Charles Lebrun, der die Schlösser Ludwig XIV. ausgestattet hat, die Vorteile von Papiermaché
1830	werden die Brüder Guillaume, Etienne-Simon, Julien le jeune und Robert Martin in Frankreich mit ihren Lackarbeiten auf Papiermaché bekannt und berühmt
1835	ist das Jahresdatum der letzten Abrechnungen der Ludwigsluster Cartonfabrique
1838	findet die Gründung des *Sonneberger Gewerbevereins* statt
1840 ca.	werden Papiermaché-Puppenmöbel aus Waltershausen unter dem Namen *Biedermeier Waltershausen* nach England exportiert
1842	schließt sich die *Vereinigung der plastischen Gewerbe* für die Bossierer in Sonneberg zusammen

1843/44	entsteht in Sonneberg die Figurengruppe *Gulliver in Liliput* nach den Entwürfen von Adolf Fleischmann
1844	arbeiten in Sonneberg mehr als 750 Drücker mit Papiermaché
1844	nimmt die Knopffabrik Schmitz & Kolbe in Lüdenscheid ihre Arbeit auf und stellt erstmals Knöpfe aus Papiermaché her
1845	produziert man in Neustadt die ersten Füll- und Scherzartikel
1848	versucht Kommerzienrat Adolf Fleischmann das *Große Sonneberger Handelsprivilegium* zu umgehen und scheitert dabei: Arbeiter zerstören seine Fabrik
1848	wird daraufhin das *Statut für die plastischen Gewerbe der Verwaltungs-Amtsbezirke Sonneberg* erlassen
1850	errichtet die Litchfield Company in Connecticut eine Fabrik und wird mit ihren außergewöhnlichen Uhrengehäusen aus Papiermaché berühmt
1850	eröffnet Carl Fischer eine eigene Maskenfabrik in Thüringen
1850 ca.	wird eine Tarifvereinbarung für *Drücker*, der *Drückertarif*, in Sonneberg eingeführt
1851	siedelt sich die Waldhams Manufacturing Company in Wolcottville an, wo Schreibtische, Nähkästen, Schachbretter u.ä.m. aus Papiermaché gefertigt werden
1853	erscheint in der *Illustrated London News* ein Artikel über ein geplantes Papiermaché-Dorf, welches ein Mr. Seymor bei C. F. Bielefeld für einen Standort in Australien in Auftrag gegeben hat
1854	werden auf der Münchner Gewerbeausstellung vergoldete Holzbilderrahmen aus Papiermaché angeboten

1858	erhält Ludwig Greiner, ein nach Philadelphia ausgewanderter Sonneberger Bürger, ein Patent für Papiermaché-Köpfe
1862	findet die Londoner Industrie-Ausstellung statt, die eine umfangreiche Papiermaché-Abteilung zeigt
1862	wird die Gewerbefreiheit im ganzen Deutschen Reich eingeführt
1864	erscheint Christian Heinrich Schmidt's Buch über *Die Benutzung des Papiermaché zur Verfertigung von Larven, Masken, Tabakdosen etc.*
1867	stellt T. H. Bettridge einen Flügel her, dessen Gehäuse aus Papiermâché ist
1871	ist das Geburtsdatum von Luigi Guacci, der als Bildhauer in Lecce eine Schule für gewerbliche Plastik gründet und damit die lange ansässige *Cartapesta-Industrie* fördert
1874	werden in Amerika Papiermaché-Figuren geformt, deren Rohstoff ausgemusterte Banknoten sind
1875	erscheint ein Papiermaché-Kinderwagen auf dem englischen Markt
1876	gründet Marcus Sommer in Sonneberg die SOMSO-Lehrmittelwerkstätten, in denen anatomische Modelle hergestellt werden
1877	wird aufgrund der regen Geschäfte in Sachen Papiermaché in Sonneberg das erste amerikanische Konsulat errichtet
1878	überzieht Heinrich Stier in einem neuartigen Verfahren Papiermaché-Köpfe mit einer dünnen abwaschbaren Wachsschicht
1880	läßt sich E. Escher aus Sonneberg gießbares Papiermaché patentieren
1894	läßt Martin Heidler gießbares Papiermaché, das ähnlich wie Porzellan verarbeitet werden kann, patentieren

1910	wird bei der Brüsseler Weltausstellung die Sonneberger Schaugruppe *Thüringer Kirmes* ausgestellt
1926	errichtet die amerikanische Kaufhauskette Woolworth ein eigenes Handelshaus in Sonneberg
1980	findet eine Ausstellung mit dem Thema *Schmuck aus Papiermâché* im Schmuckmuseum Pforzheim statt
ab ca.1980	arbeiten zunehmend mehr Künstler mit dem Material Papiermaché

DUMONT

TASCHENBÜCHER
KREATIVITÄT & FREIZEIT

DUMONT SCHNELLKURSE

Eine gelungene Mischung aus Lexikon und Lesebuch sind die DUMONT Schnellkurse:

- Sie enthalten eine **kompakte Darstellung** des jeweiligen Themengebietes.

- **Exkurse** erläutern sofort im Text die wichtigsten Gattungsbegriffe oder spezielle Themen.

- Ein **Farbleitsystem** erleichtert den schnellen Zugriff auf einzelne Rubriken und gewährt einen **leichten Einstieg** in den Text an jeder beliebigen Stelle des Buches.

- Zahlreiche farbige Abbildungen, Kurzbiographien der wichtigsten Persönlichkeiten und ein ausführliches Glossar bieten **aufschlußreiche Zusatzinformationen**, die das Lesen zu einer epochalen Zeitreise machen.

- Die **DUMONT-Schnellkurse** sind eine ideale Einstiegslektüre für alle Leser mit wenig Vorkenntnissen.

Weitere Informationen über die DUMONT Schnellkurse erhalten Sie bei Ihrem Buchhändler oder beim DUMONT Buchverlag • Postfach 10 10 45 • 50450 Köln